« RÉPONSES »
Collection créée par Joëlle de Gravelaine,
dirigée par Sylvie Angel et Nathalie Le Breton

DANIEL H. PINK

L'HOMME AUX DEUX CERVEAUX

Apprendre à penser différemment
dans un monde nouveau

Traduit de l'américain par Frédérique Fraisse

ROBERT LAFFONT

Titre original : A WHOLE NEW MIND

ISBN 978-2-221-10462-0
(édition originale : ISBN 1-57322-308-5 Riverhead Books/Penguin Group, New York)

À la mémoire de Mollie Lavin

« J'ai connu des esprits forts qui avaient des manières imposantes, infaillibles, à la Cobbett ; mais jamais je n'ai rencontré un grand esprit de cette sorte. La vérité est qu'un grand esprit doit être androgyne. »

SAMUEL TAYLOR COLERIDGE

INTRODUCTION

Ces dernières décennies ont vu l'essor d'une catégorie de personnes possédant une certaine tournure d'esprit – programmeurs capables de produire des codes, avocats de parachever des actes ou comptables de jongler avec les chiffres. Peu à peu, les clefs du royaume ont changé de main. L'avenir appartient désormais à une autre catégorie de personnes avec un état d'esprit différent – concepteurs et empathiques, spécialistes de la reconnaissance des formes et créateurs de sens. Ces artistes, inventeurs, designers, conteurs, travailleurs sociaux, consolateurs ou penseurs qui ont des choses une vision d'ensemble récolteront bientôt les plus beaux fruits de notre société et partageront ses plus grandes joies.

Ce livre décrit le séisme encore non identifié qui ébranle déjà une grande partie du monde occidental. Notre économie et notre société qui se sont édifiées sur les capacités logiques, linéaires, informatiques de l'ère de l'information, se transforment en une économie et une société construites sur les capacités inventives et empathiques de l'ère conceptuelle, notion qui se met doucement en place. *L'Homme aux deux cerveaux* est destiné à tous ceux qui veulent survivre et prospérer dans ce monde nouveau : employés mal à l'aise dans leur carrière, et insatisfaits de leur vie, directeurs et chefs d'entreprise désireux de surfer sur la prochaine vague, parents qui souhaitent mettre toutes les chances du côté de leurs enfants, créatifs possédant une grande subtilité émotionnelle et dont les capacités ont souvent été négligées, voire sous-estimées par l'ère de l'information.

Dans ce livre, vous apprendrez les six aptitudes essentielles, que j'ai appelées les « six sens », dont dépendront de façon croissante succès professionnel et satisfaction personnelle : design ; histoire ; symphonie ; empathie ; jeu ; sens. Ces capacités, par essence humaines, sont à la portée de chacun et mon objectif sera de vous aider à les maîtriser.

Un changement d'une telle magnitude est complexe. Mais la thèse de ce livre est simple : pendant presque un siècle, la société occidentale en général et la société américaine en particulier ont été dominées par une forme de pensée et une approche de la vie à la fois réductrices, étroites et profondément analytiques. C'était l'ère du « travailleur du savoir », du manipulateur d'information cultivé, de l'expert en tout genre. La révolution est en marche. Grâce à un déploiement de forces – abondance matérielle qui accroît nos envies immatérielles, globalisation qui expédie les emplois de bureau aux quatre coins du monde, technologies de pointe qui éliminent certains travaux – nous entrons dans une nouvelle ère. Elle sera animée par une forme de pensée différente, une nouvelle approche de la vie qui récompensera des capacités que je nommerai *high concept* et *high touch*[1]. High concept implique la capacité à détecter des schémas et un potentiel, à créer une beauté émotionnelle et artistique, à fabriquer un récit satisfaisant et à combiner des idées apparemment distinctes pour en faire du nouveau. High touch implique la capacité à ressentir de l'empathie pour les autres, à comprendre les subtilités des échanges humains, à trouver de la joie au plus profond de soi, à aider les autres à puiser cette joie en eux, à dépasser le quotidien et à se lancer à la poursuite d'un but et d'un sens.

Et l'incarnation du changement que je décris se trouve... à l'intérieur de notre tête ! Notre cerveau est divisé en deux hémisphères : le gauche est séquentiel, logique et analytique ; le droit est non linéaire, intuitif et holistique. Ces distinctions ont souvent été sujettes à caricature. Bien entendu, nous nous servons des deux moitiés de notre cerveau pour effectuer les tâches les plus simples. Mais les différences bien établies entre les deux hémisphères nous permettent d'interpréter notre présent et de faire face à notre avenir. Actuellement, les compétences déterminantes de l'ère qui s'achève (les capacités du cerveau gauche ayant alimenté l'ère de l'information) sont insuffisantes, bien qu'elles demeurent nécessaires. Et les capacités autrefois dédaignées et qualifiées de frivoles (les qualités inhérentes au cerveau droit telles que l'inventivité, l'empathie, la joie, et le sens) vont être de plus en plus déterminantes pour départager qui prospère et s'enrichit. Les individus, les familles et les cadres à la recherche de succès professionnel et d'accomplissement personnel auront besoin d'un esprit radicalement nouveau.

Quelques mots sur l'agencement de ce livre. Vous ne serez pas surpris de constater que *L'Homme aux deux cerveaux* est à la fois high concept et high touch. La première partie – l'ère conceptuelle – présente l'idée directrice. Le chapitre premier offre un survol des différences fondamentales entre nos hémisphères droit et gauche, et explique pourquoi la structure de notre cerveau est une vaste métaphore des contours de notre époque. Dans le deuxième chapitre, je m'adresse aux lecteurs régis par leur hémisphère gauche en leur proposant un cas concret : pourquoi les trois grandes forces économiques et sociales du monde d'aujourd'hui – abondance, Asie et automatisation – nous poussent vers l'ère conceptuelle ? Le chapitre trois explique les notions de high concept et de high touch et illustre pourquoi ceux qui maîtrisent ces capacités donneront le tempo de la vie moderne.

La seconde partie – les six sens – est high touch. Elle couvre, en autant de chapitres, les six talents dont vous aurez besoin pour vous frayer un chemin dans ce paysage émergent : design ; histoire ; symphonie ; empathie ; jeu ; sens. Je décris comment ces aptitudes sont mis en œuvre dans la vie quotidienne, personnelle ou professionnelle. À la fin de chacun des chapitres, vous trouverez des pages grisées appelées « portfolios » : j'y ai assemblé une collection d'outils et d'exercices, ainsi que des lectures complémentaires compilées lors de mes recherches et de mes voyages qui vous aideront à dégauchir et à aiguiser le sens en question.

Au fil des neuf chapitres de ce livre, nous visiterons, entre autres, un club de rire à Bombay, une école américaine des quartiers déshérités dédiée au design, et nous apprendrons à détecter un sourire hypocrite partout dans le monde.

Commençons notre voyage par le cerveau lui-même, afin de découvrir comment il fonctionne avant d'apprendre à s'en servir. Notre point de départ sera les NIH* de Bethesda, dans le Maryland, où l'on m'a attaché par des sangles sur un chariot. Allongé sur le dos, je suis coincé à l'intérieur d'une machine de la taille de mon garage qui m'envoie des ondes électromagnétiques à travers le crâne.

* Instituts nationaux de la santé mentale (toutes les notes précédées d'un astérisque, sauf indication contraire, sont de la traductrice).

PREMIÈRE **PARTIE**

L'ère conceptuelle

1

L'ASCENSION DU CERVEAU DROIT

D'abord, on m'a fixé des électrodes au bout des doigts afin de déterminer mon taux de transpiration qui me trahira à la seconde où mon esprit tentera de tricher. Puis on m'a conduit jusqu'à un chariot recouvert de papier bleu (vous savez, le même qui orne la table d'examen de votre médecin et qui se froisse dès que vous vous asseyez dessus). Je me suis allongé, la nuque sur la partie en retrait du chariot. Là, on m'a posé sur le visage un masque en forme de cage, un peu comme celui qui bâillonnait Hannibal Lecter. Je me suis contorsionné. Grossière erreur. Une technicienne s'est aussitôt emparée d'un gros rouleau d'adhésif. « Interdiction de bouger ! s'est-elle exclamée. Sinon, je vous scotche la tête au chariot. »

À l'extérieur du gigantesque bâtiment gouvernemental tombe une légère pluie de mai. À l'intérieur, au centre d'une pièce froide située au second sous-sol, mon cerveau passe au scanner.

Cela fait bientôt quarante ans que je vis avec mon cerveau et pourtant je ne l'ai jamais vu. J'ai eu l'occasion de regarder des dessins et des images du cerveau d'autres personnes, mais j'ignore à quoi ressemble le mien et comment il fonctionne. Aujourd'hui, c'est le grand jour.

Depuis quelque temps, je me demande quelle direction prend notre vie dans cette époque bouleversée où sous-traitance et automatisation sont devenus les maîtres mots. Petit à petit, j'en suis venu à la conclusion que l'organisation du cerveau recèle les clefs de notre avenir. Et c'est la raison pour laquelle je me suis porté volontaire pour faire partie d'un groupe témoin – des « volontaires sains », nous appellent les chercheurs. Ces tests sont destinés à intégrer un projet du *National Institute of Mental Health,* non loin de Washington. Ils impliquent la prise d'images du cerveau au repos et au travail, ce qui signifie que je verrai bientôt l'organe qui me guide depuis maintenant quatre décennies. Dans le même temps, j'obtiendrai peut-être une meilleure vision de la façon dont nous devons organiser notre avenir.

Le chariot sur lequel je suis allongé fait saillie de l'un des appareils IRM* les plus perfectionnés du monde, le Signa GE Brucket 3T. Ce joujou de deux millions et demi de dollars utilise un puissant champ magnétique afin de générer des images de très grande qualité de l'intérieur du corps humain. C'est une gigantesque machine d'environ cinq mètres d'envergure, qui pèse plus de dix-sept tonnes.

Au centre de cet appareil se trouve une ouverture circulaire qui mesure environ soixante centimètres de diamètre. Les techniciens glissent le brancard à travers l'ouverture, dans le ventre creux de la bête. J'ai les bras plaqués sur les flancs et le nez à environ cinq centimètres du plafond : j'ai l'impression qu'on m'a poussé dans un lance-torpilles où on m'a oublié.

* Imagerie par résonance magnétique.

Tchkk ! Tchkk ! Tchkk ! fait la machine. Tchkk ! Tchkk ! Tchkk !

On dirait que je porte un casque sur lequel quelqu'un s'amuserait à taper. Soudain, je ressens une vibration. Zzzhhhh ! Silence. Zzzhhhh ! Silence.

Au bout d'une demi-heure, une image de mon cerveau apparaît enfin et je dois admettre que je suis un peu déçu de découvrir qu'il ressemble à tous ceux que j'ai pu croiser dans différents manuels. En son centre court un mince sillon vertical qui le scinde en deux sections apparemment égales. Cette caractéristique est tellement flagrante que c'est la première chose que le neurologue remarquera lorsqu'il examinera les images de mon cerveau si banal. « Les hémisphères cérébraux, m'annonce-t-il, sont plus ou moins symétriques. » Traduction : la masse de 1,4 kg sous mon crâne, comme la masse de 1,4 kg sous le vôtre, est divisée en deux moitiés connectées entre elles. La première est appelée hémisphère gauche, l'autre hémisphère droit. Ces deux moitiés se ressemblent, mais de par leur forme et leur fonction, elles sont en réalité assez différentes, comme l'étape suivante de mon travail de cobaye neurologique va le démontrer.

Le premier scanner de mon cerveau m'a rappelé une séance chez le photographe : je suis allongé, mon cerveau pose, et la machine prend la photo. Tandis que la science apprend énormément de ces portraits, une technique plus récente appelée IRMf* capture des images du cerveau en action. Les chercheurs demandent à leur sujet d'accomplir un exercice à l'intérieur de l'appareil – fredonner un air, écouter une histoire drôle, résoudre un problème... Puis ils localisent la zone cérébrale vers laquelle le sang afflue. Il en résulte une image du cerveau dont les régions actives sont parsemées de taches de couleur, sorte d'image satellite des nuages cérébraux. Cette technique qui a révolutionné la science et la médecine permet une meilleure compréhension des comportements humains, tels la dyslexie chez les

* Imagerie par résonance magnétique fonctionnelle.

enfants, les mécanismes de la maladie d'Alzheimer ou la manière dont les parents répondent aux cris de leur bébé.

Après avoir installé une sorte de périscope qui me permet de voir un écran situé à l'extérieur de la machine, les techniciens me replacent dans le tube de *Pringles* high-tech. Dans ma main droite se trouve une petite souris dont le cordon est relié à leurs ordinateurs. Ils ont décidé de mettre mon cerveau au travail – et par là même, ils m'ont fourni une métaphore sur la manière dont nous nous développerons au XXIe siècle.

Ma première tâche est simple. Ils passent à l'écran une photo en noir et blanc d'un visage figé dans une expression outrancière. (Une femme qui aurait eu l'orteil écrasé par Tony Parker. Ou un type qui viendrait de se rendre compte qu'il est sorti dans la rue sans pantalon.) Puis ils me montrent deux photos d'une autre personne. Grâce aux boutons de ma souris, j'indique lequel de ces deux visages exprime, à mon avis, la même émotion que le visage initial.

Premier visage :

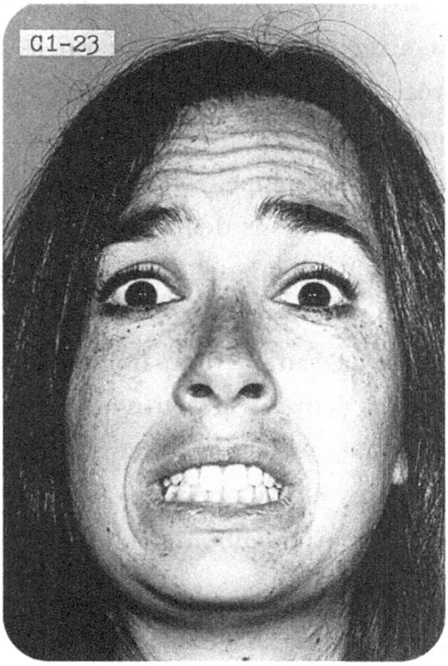

Les chercheurs l'enlèvent et me montrent les deux visages ci-dessous :

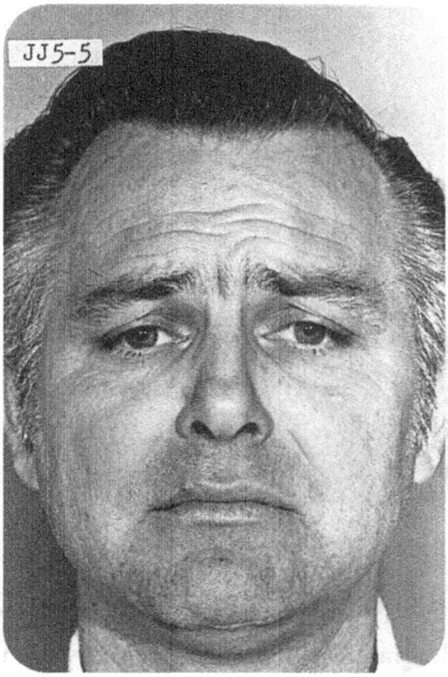

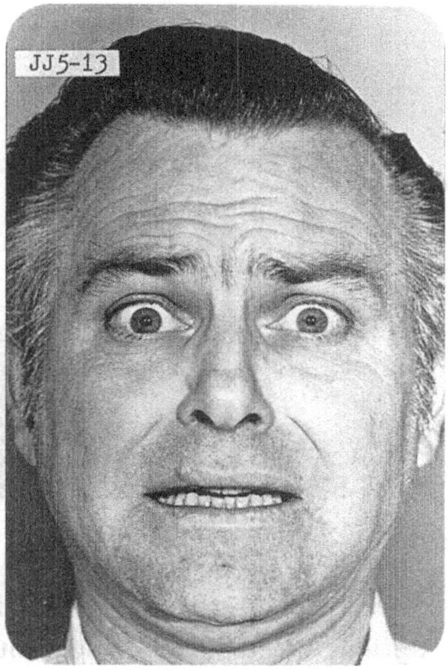

Je clique sur le bouton de droite car la photo de droite exprime la même émotion que le premier visage. Si vous me passez l'expression, il ne faut pas être un cerveau pour accomplir cette tâche.

Une fois terminé l'exercice de correspondance faciale, nous passons à un autre test de perception. Les chercheurs me font défiler devant les yeux quarante-huit photos couleur. Je me serais cru à une séance de diapositives. Je clique sur le bouton approprié pour indiquer si la scène se passe à l'intérieur ou à l'extérieur. Ces photos représentent diverses situations plus ou moins extrêmes. Certaines sont bizarres, dérangeantes. D'autres sont banales et inoffensives. Une tasse de café sur un comptoir. Des types brandissant des revolvers. Des toilettes qui débordent. Une lampe. Des explosions.

Comme, par exemple, l'image ci-dessous* :

Je clique donc sur le bouton qui indique que cette scène a lieu à l'extérieur. Cette tâche nécessite de la concentration, mais peu d'efforts, et l'exercice ressemble beaucoup au précédent.

Ce qui se passe dans mon cerveau est une autre histoire : les scanners qui apparaissent sur les ordinateurs montrent que, lorsque je regarde des expressions faciales menaçantes, le côté droit de mon cerveau entre en action et enrôle d'autres parties de ce même hémisphère ; lorsque je regarde des scènes effrayantes, mon cerveau

* Les photos qui m'ont été soumises pendant cette phase de la recherche provenaient d'une série d'images appelées *International Affective Picture System* ou IAPS [système international d'images émotionnelles]. Le créateur et propriétaire d'IAPS, le professeur Peter J. Lang de l'université de Floride, a demandé à ce que je ne reproduise aucune de ces images dans cet ouvrage. « Si vous rendiez ce matériel accessible au grand public, cela pourrait sérieusement compromettre leur valeur en tant que stimuli dans de nombreux projets de recherche », m'a-t-il expliqué. Par conséquent, l'image reproduite ci-dessus ne fait en réalité pas partie de l'actuelle collection IAPS. Mais elle ressemble par sa forme, son ton et sa composition aux photos qui m'ont été soumises durant cette expérience. (*N.d.A.*)

appelle à la rescousse l'hémisphère gauche[1]. Bien entendu, chaque hémisphère a travaillé chaque fois, alors que je n'ai ressenti aucune différence lors des deux exercices. L'IRMf, lui, montre clairement que face aux visages, mon hémisphère droit a plus répondu que le gauche, et face aux méchants pointant une arme et autres scènes similaires, mon hémisphère gauche a pris le dessus.

Pourquoi ?

Le droit (et le gauche)

Notre cerveau est extraordinaire. Un cerveau type est constitué de quelque cent milliards de cellules. Toutes connectées entre elles, elles communiquent avec plus de dix mille de leurs collègues. Ensemble, elles forment un réseau complexe d'environ un quadrillion (1 000 000 000 000 000) de connexions qui nous dictent comment parler, manger, respirer et bouger. James Watson, qui a obtenu le prix Nobel pour avoir participé à la découverte de la structure de l'ADN, affirme que le cerveau humain est « l'objet le plus complexe que nous ayons découvert pour l'instant dans l'univers[2] »*. Entre parenthèses, Woody Allen l'appelle « mon second organe préféré ».

Et pourtant, malgré sa complexité, la topographie générale du cerveau est simple et symétrique. Les scientifiques savent depuis longtemps qu'une ligne Maginot neurologique sépare le cerveau en deux régions. Chose surprenante, la communauté scientifique croyait encore récemment que les deux hémisphères étaient inégaux. Selon leur théorie, le côté gauche était le côté crucial, celui qui faisait de

* Les références complètes d'ouvrages se trouvent soit dans les notes de l'auteur, en fin d'ouvrage, soit, quand l'auteur ne les avait pas données, dans les notes de bas de page créées par la traductrice. (*N.d.E.*)

nous des hommes, le droit demeurant accessoire – vestiges, affirmaient certains, d'un stage antérieur de notre développement. Alors que le cerveau gauche était rationnel, analytique, logique (tout ce qu'on attend d'un cerveau), le cerveau droit demeurait muet, non linéaire, instinctif – une trace de ce que la nature avait prévu, mais que les hommes avaient dépassé.

Depuis Hippocrate, les médecins croyaient que le côté gauche, celui du cœur, était indispensable. Au début du XVIIIe siècle, les scientifiques ont commencé à accumuler des preuves dans ce sens. Dans les années 1860, le neurologue français Paul Broca a découvert qu'une partie de l'hémisphère gauche contrôlait l'aptitude à parler un langage. Dix ans plus tard, un neurologue allemand nommé Carl Wernicke a fait une découverte similaire sur l'aptitude à comprendre un langage. Leurs travaux ont permis l'émergence d'un syllogisme pratique et imparable : le langage est ce qui sépare l'homme de l'animal. Le langage réside dans le côté gauche du cerveau. Donc le côté gauche du cerveau est ce qui nous rend humains.

Cette vision a prévalu une bonne partie du siècle suivant, jusqu'à ce qu'un professeur de Caltech, Roger W. Sperry, réorganise notre compréhension du cerveau et de nous-mêmes. Dans les années 1950, Sperry a étudié des patients victimes de crises d'épilepsie qui avaient subi l'ablation du corps calleux (ce gros paquet de quelque trois cents millions de fibres nerveuses qui connecte les deux hémisphères du cerveau). Lors d'une série d'expériences Sperry a découvert que la vision établie de ces patients au « cerveau coupé » était inexacte. Certes, notre cerveau est divisé en deux parties, mais comme l'explique Sperry : « Le soi-disant hémisphère mineur ou subalterne, que nous pensions illettré et mentalement retardé, voire dénué de conscience selon certaines autorités, était en fait le membre cérébral supérieur dès qu'il s'agissait d'effectuer certaines tâches mentales. » En d'autres termes, le cerveau droit n'est pas inférieur au gauche, il est simplement différent. « Il y aurait donc deux modes de pensée, écrit Sperry, représentés de manière séparée dans les hémisphères droit et gauche, respectivement. » L'hémisphère gauche raisonne de manière séquentielle, se distingue dans l'analyse et le maniement des mots. L'hémisphère droit raisonne de manière holistique, reconnaît les structures, interprète les émotions et les expressions non verbales. Plus prosaïquement, les êtres humains disposent de deux esprits.

Ces recherches, qui ont permis à Sperry d'obtenir le prix Nobel de médecine, ont à jamais changé les domaines de la psychologie et de la neuroscience. À la mort du chercheur en 1994, le *New York Times* a rendu hommage à un homme qui a « bouleversé l'orthodoxie dominante selon laquelle l'hémisphère gauche dirigeait le cerveau ». Il était l'un des rares scientifiques, a affirmé le *Times*, dont « les expériences sont passées dans le folklore[3] ».

Toutefois, Sperry n'a pas transporté seul ses idées de son laboratoire à notre salle à manger. Il a obtenu l'aide précieuse de Betty Edwards, professeur d'arts plastiques à California State University. En 1979, celle-ci a publié un livre intitulé *Dessiner grâce au cerveau droit**. Elle y rejette la notion selon laquelle certaines personnes n'auraient pas la fibre artistique. « Il n'est pas très difficile de dessiner, déclare-t-elle. C'est voir, le problème[4]. » Son secret pour voir et vraiment voir consiste à faire taire ce M. Je-Sais-Tout de cerveau gauche, afin que le cerveau droit, plus affable, laisse opérer sa magie. Alors que certains ont accusé Betty Edwards de simplifier la science à l'extrême, son livre est devenu à la fois un best-seller et un must dans les cours d'art. (Nous en apprendrons plus sur ses techniques au chapitre 6.)

Grâce aux recherches innovatrices de Sperry, à l'habile popularisation d'Edwards et à l'évolution des technologies telles que

* [*The New Drawing on the Right Side of the Brain*], trad. M. Schoffeniels-Jeunehomme, Bruxelles, Mardaga, 1993.

l'IRMf qui permet aux chercheurs d'observer le cerveau en action, l'hémisphère droit a aujourd'hui une dose de légitimité. Il est réel. Il est important. Aucun neuroscientifique digne de sa thèse ne peut nier qu'il nous aide à être plus humains. Et pourtant, au-delà des laboratoires de neurosciences et des cliniques d'imagerie encéphalique, deux idées fausses sur le côté droit du cerveau continuent de circuler.

Le mauvais

Ces deux idées fausses sont opposées dans l'esprit mais tout aussi idiotes l'une que l'autre. La première considère le cerveau droit comme un sauveur, la seconde comme un saboteur.

Les partisans du « sauveur » s'appuient sur des preuves scientifiques et sont passés de la légitimité à la vénération. Ils prétendent que le cerveau droit est dépositaire de tout ce qui est bien, juste et noble chez l'homme. Comme le neuroscientifique Robert Ornstein l'indique dans *The Right Mind*, l'un des meilleurs livres sur le sujet :

> De nombreux auteurs populaires ont écrit que l'hémisphère droit était la clef qui permettait de développer la pensée humaine, de survivre aux traumatismes, de soigner l'autisme, etc. Il nous sauvera. Il est le siège de la créativité, de l'âme et des grandes recettes de cuisine[5].

Oh ! mon Dieu ! Au fil des années, les colporteurs de cette théorie du « sauveur » ont essayé de nous vanter les vertus du cerveau droit qui saurait cuisiner, se mettre au régime, investir, calculer, courir, monter à cheval, et j'en passe. Il existerait même une numérologie, une astrologie du cerveau droit, un accouplement du cerveau droit qui donnerait naissance à des bébés capables d'atteindre la perfection dès qu'ils mangeraient au petit déjeuner des céréales Cerveau Droit, joueraient avec des cubes Cerveau Droit et regarderaient des vidéos Cerveau Droit. Ces livres, produits et séminaires contiennent parfois une pépite valide ou deux, mais, en général, leur contenu frôle le n'importe quoi. Pis ! Cette avalanche de jargon incompréhensible, à la fois New Age et sans aucun fondement, a souvent servi à embrouiller plus qu'à éclairer la compréhension du public.

En partie en réponse au déluge d'imbécillités divulguées sur le cerveau droit, une vision opposée a émergé. Cette conception admet à contrecœur la légitimité de l'hémisphère droit, mais croit qu'accentuer la soi-disant pensée du cerveau droit risque de saboter les progrès économiques et sociaux accomplis en appliquant la force de la logique à nos vies. Tout ce dont l'hémisphère droit est capable (interpréter le contenu émotionnel, deviner les réponses, percevoir le monde de manière holistique) est charmant, mais c'est un accompagnement au plat de résistance qu'est la vraie intelligence. Ce qui nous distingue des autres animaux, c'est notre aptitude à raisonner de manière analytique. Nous sommes des êtres humains, entendez-nous réfléchir. Voilà ce qui nous rend uniques. Le reste n'est pas simplement différent, il est moindre. Si l'on prête trop attention à ces arguments bohèmes et romantiques, ils nous abêtiront et nous anéantiront. « Ce qui en ressort, a affirmé Sperry peu avant sa mort, c'est que la société moderne introduit [encore] une discrimination à l'encontre de l'hémisphère droit. » La théorie du « saboteur » implique subrepticement que le côté droit de notre cerveau a beau être réel, il demeure inférieur.

Hélas ! L'hémisphère droit n'est ni un sauveur ni un saboteur. La réalité, comme c'est si souvent le cas, est plus nuancée.

Le vrai

Les deux hémisphères de notre cerveau ne fonctionnent pas comme des interrupteurs. L'un ne s'éteint pas quand l'autre se met en marche. Les deux moitiés jouent un rôle la majeure partie du temps. « Nous pouvons affirmer que certaines régions du cerveau sont plus actives que d'autres dès qu'il s'agit de certaines fonctions, explique un livre élémentaire de médecine, mais nous ne pouvons pas prétendre que ces fonctions sont confinées à des zones particulières[6]. » Quand bien même, les neuroscientifiques s'accordent à dire que les deux hémisphères approchent de manière très différente le pilotage de nos actions, notre compréhension du monde, notre réaction aux événements. Et il s'avère que ces différences nous offrent de précieux conseils sur la manière de diriger nos vies personnelles et professionnelles. Après plus de trente ans de recherches sur les hémisphères du cerveau, il est aujourd'hui possible de classer les découvertes en quatre points clefs.

1. L'hémisphère gauche contrôle le côté droit du corps, l'hémisphère droit le côté gauche du corps

Levez la main droite. Oui, si vous le pouvez, levez la main droite très haut. Votre hémisphère gauche (ou, pour être plus précis, l'une de ses régions) a permis ce geste. Maintenant, tapez du pied gauche. Là, c'est une région de l'hémisphère droit qui est intervenue. Notre cerveau est controlatéral, chaque moitié contrôle la moitié opposée du corps. Voilà pourquoi une attaque survenant dans une zone de l'hémisphère droit empêchera une personne de bouger correctement le côté gauche de son corps et vice versa. Puisque environ 90 % de la population est droitière, cela signifie que chez environ 90 % de la population, l'hémisphère gauche contrôle d'importants mouvements tels qu'écrire, s'alimenter ou se servir d'une souris.

La controlatéralisation entre en jeu non seulement quand on signe ou quand on frappe une balle, mais aussi quand on bouge la tête et les yeux. Voici un autre exercice. Tournez lentement la tête à gauche. À nouveau, l'hémisphère opposé a largement guidé cette manœuvre. Maintenant, tournez lentement la tête à droite. Cette fois-ci, c'est l'hémisphère gauche qui a pris les commandes. Maintenant, utilisez la partie du cerveau que vous voulez et pensez à une activité qui implique le mouvement suivant : bougez lentement la tête et les yeux de gauche à droite. Un indice ? C'est exactement ce que vous êtes en train de faire. Dans les langues occidentales, lire et écrire impliquent un mouvement de gauche à droite, ce qui nécessite l'intervention de l'hémisphère gauche du cerveau. Le langage écrit a contribué à renforcer la dominance de l'hémisphère gauche (du moins en Occident) et a créé ce qu'Eric Havelock, spécialiste en lettres classiques à Harvard, nomme l'« esprit alphabétique[7] ». Ce n'est donc pas une surprise si l'hémisphère gauche domine le jeu, puisqu'il est le seul côté qui sache en écrire les règles.

2. L'hémisphère gauche est séquentiel, l'hémisphère droit est simultané

Considérons une autre dimension de l'esprit alphabétique. Il traite les sons et les symboles par séquences. Quand vous lisez cette phrase, vous commencez par « quand », continuez par « vous », « lisez », etc. Vous décodez chaque lettre, chaque syllabe, chaque mot l'un à la suite de l'autre, et l'hémisphère gauche excelle dans cet exercice. Selon les mots séquentiels d'un manuel de neuroscience :

> [L'] hémisphère gauche [est] particulièrement doué pour reconnaître des événements sériels (des événements qui surgissent les uns après les autres) et pour contrôler des séquences comportementales… L'hémisphère gauche intervient aussi dans le

contrôle de comportements sériels... Les fonctions sérielles exécutées par l'hémisphère gauche incluent les activités verbales comme la parole, la compréhension d'un discours, la lecture et l'écriture[8].

A contrario, l'hémisphère droit ne fonctionne pas de manière linéaire, il ne suit pas le schéma A-B-C-D-E. Son talent réside en son aptitude à interpréter les choses de manière simultanée. « Sa spécialité consiste à voir plusieurs choses en même temps. Il voit tous les éléments d'une figure géométrique et appréhende sa forme. Il voit tous les éléments d'une situation et comprend sa signification globale[9]. » Il nous est donc très utile pour interpréter les visages. De plus, il confère à l'homme un avantage immense sur l'ordinateur. Par exemple, l'iMac sur lequel je tape cette phrase est capable d'effectuer un million de calculs par seconde, bien plus que l'hémisphère gauche le plus rapide de la planète. Mais même le plus puissant des ordinateurs de la terre ne reconnaîtra pas un visage aussi vite que mon gamin. La différence séquentiel/simultané pourrait s'établir ainsi : l'hémisphère droit est l'image, l'hémisphère gauche est le millier de mots.

3. L'hémisphère gauche est spécialisé dans le texte, l'hémisphère droit dans le contexte

Chez la plupart des gens, le langage a pour origine l'hémisphère gauche. (Cela est vrai chez 95 % des droitiers et 70 % des gauchers. Quant aux autres, environ 8 % de la population, la division du travail linguistique est plus compliquée.) Toutefois, l'hémisphère droit ne cède pas toute la responsabilité au gauche. En réalité, les deux côtés sont complémentaires.

Supposons qu'un soir votre femme et vous prépariez ensemble le repas. Supposons également qu'au milieu des préparatifs elle découvre que vous avez oublié d'acheter l'ingrédient principal. Supposons enfin qu'elle s'empare des clefs de la voiture, vous lance un regard assassin et siffle entre ses dents : « Je vais à l'épicerie. » Toute personne disposant d'un cerveau en bon état de marche en tirerait deux conclusions. *Primo*, l'épouse se rend à la supérette locale. *Secundo*, elle est énervée. Votre hémisphère gauche a appréhendé la première partie – il a déchiffré les sons et la syntaxe de sa phrase et en est arrivé à une signification latérale. L'hémisphère droit, lui, a compris le deuxième aspect de cet échange : les mots d'ordinaire neutres « je vais à l'épicerie » ne l'étaient pas du tout. Le regard de votre femme et le ton de sa voix traduisaient sa colère.

Les individus dotés d'un hémisphère endommagé ne peuvent pas en arriver à cette conclusion duelle. Une personne dont seul l'hémisphère gauche fonctionnerait entendrait une telle phrase et comprendrait que la femme se rend à l'épicerie, sans percevoir la colère et la contrariété qui accompagnent son trajet. Une personne à l'hémisphère gauche abîmé et dont seul l'hémisphère droit fonctionnerait comprendrait, elle, que l'épouse est de mauvaise humeur, mais ignorerait peut-être où elle se rend.

Cette distinction ne s'applique pas seulement à la compréhension du langage, mais aussi à son énonciation. Les personnes dont certaines régions de l'hémisphère droit sont endommagées parlent de manière cohérente, se conforment aux règles grammaticales et utilisent un vocabulaire standard. Comme le remarque le psychologue anglais Chris McManus dans son livre primé *Right Hand Left Hand* :

> Leur langage… n'est pas normal. Il manque la qualité musicale de l'élocution, la prosodie grâce à laquelle le ton monte ou descend, la manière dont les mots accélèrent, décélèrent, sont prononcés plus ou moins fortement, selon une certaine émotion, une certaine emphase. Un discours sans prosodie ressemble à un texte lu par la voix mécanique d'un répondeur[10].

Pour simplifier à l'excès, l'hémisphère gauche s'occupe de ce qui est dit ; le droit de la manière dont cela est dit – les indices non verbaux et souvent émotionnels fournis par le regard, les expressions faciales, l'intonation.

Attention ! La distinction entre le gauche et le droit ne se résume pas à la différence entre le verbal et le non-verbal. La distinction texte-contexte, avancée à l'origine par Robert Ornstein, a une application plus large. Par exemple, certaines langues écrites dépendent beaucoup du contexte. Des langues telles que l'arabe ou l'hébreu ne comportent souvent que des consonnes, ce qui signifie que le lecteur doit deviner les voyelles en s'aidant des idées et des concepts environnants. Dans ces langues, quand vous lisez l'équivalent de « prtr n cr », vous devez insérer certaines voyelles si la phrase est apparue dans un livre sur la pêche (« porter un ciré ») et d'autres si elle figure dans un guide de voyage (« partir en car »). Contrairement à l'anglais ou au français, les langues qui requièrent l'intervention du lecteur pour fournir les voyelles en se servant du contexte sont généralement écrites de droite à gauche[11]. Comme nous l'avons vu quelques pages plus haut, lire dans ce sens dépend de l'hémisphère droit du cerveau.

Le contexte est également important dans d'autres dimensions du langage. Par exemple, de nombreuses études ont montré que l'hémisphère droit était responsable de notre capacité à comprendre les métaphores. Si vous me racontez que José a « un cœur de la taille du Montana », mon hémisphère gauche fera un rapide récapitulatif : Qui est José ? Qu'est-ce qu'un cœur ? Quelle taille a le Montana ? Puis quand il se rendra compte que le sens littéral de cette phrase est absurde – comment un cœur de 380 000 km² peut-il tenir dans la modeste cage thoracique de José ? – il appellera l'hémisphère droit à la rescousse afin qu'il résolve cette incongruité. Ce dernier lui expliquera que José n'a pas des capacités cardiaques hors du commun, mais que c'est une personne généreuse et affable. « Nul côté du cerveau [...] ne peut se passer de l'autre, écrit Ornstein. Nous avons besoin du texte de notre vie pour demeurer en contexte[12]. »

4. L'hémisphère gauche analyse les détails, le droit synthétise le tout

En 1951, Isaiah Berlin écrivait un essai sur *Guerre et Paix* et lui donnait un titre à coucher dehors : « Le scepticisme historique de Léon Tolstoï ». L'éditeur de Berlin adorait son essai mais détestait le titre, si bien qu'il lui a préféré une meilleure accroche : *Le Hérisson et le Renard*[*], d'après un vieil adage grec. « Le renard sait bien des choses, mais le hérisson sait une grande chose. » Grâce à cet essai, Berlin a gagné en notoriété. Et il me permet de mettre en lumière une quatrième différence entre les deux hémisphères de notre cerveau. Le gauche est le renard, le droit est le hérisson.

« En général, l'hémisphère gauche participe à l'analyse de l'information, affirme un livre de neurosciences. Par opposition, l'hémisphère droit est réputé pour sa synthèse. Il est particulièrement doué pour rassembler des éléments isolés afin d'obtenir un point de vue d'ensemble[13]. » Analyse et synthèse sont peut-être les deux versants les plus fondamentaux de l'interprétation de l'information. Il est possible de séparer le tout en divers composants ou de tisser les composants pour faire un tout. Les deux aspects ont une part essentielle dans le raisonnement humain, mais ils sont guidés par différentes parties du cerveau. Roger Sperry note cette différence capitale dans un article qu'il a coécrit avec Jerre Levy-Agresti en 1968 :

> Les données indiquent que l'hémisphère [droit] mineur et muet convient au gestaltisme, car il s'attache essentiellement à synthétiser les informations entrantes. À l'opposé, l'hémisphère majeur et parlant semble opérer de manière plus logique et

* Isaiah Berlin, *Les Penseurs russes*, trad. Daria Olivier, Albin Michel, 1984.

analytique, tel un ordinateur. Son langage est en inadéquation avec les synthèses rapides et complexes effectuées par l'hémisphère mineur[14].

L'hémisphère gauche converge vers une seule réponse ; le droit diverge vers le gestaltisme. Le gauche se polarise sur les catégories, le droit sur les corrélations. Le gauche perçoit les détails, mais seul le droit voit le tableau dans son ensemble.

Ce qui nous ramène à nos scanners.

Peur et répugnance au fond de mes amygdales

À la base du cerveau se trouvent deux structures en forme d'amande qui servent de ministère de l'Intérieur[15]. Ce sont les amygdales, elles jouent un rôle crucial dans l'expression des émotions, surtout la peur. L'une étant située dans l'hémisphère droit et l'autre dans le gauche, nos amygdales sont toujours à l'affût d'une quelconque menace. Peu surprenant donc que les miennes aient envoyé des alertes lorsque je me trouvais à l'intérieur de l'IRM et regardais des photos de personnes bouleversées et des scènes dérangeantes. Toutefois, mes amygdales réagissaient de manière tout à fait différente suivant la nature des images que je visionnais.

Comme l'ont plus tard révélé les scanners de mon cerveau, quand j'examinais des portraits, mes deux amygdales étaient activées, bien que la droite fût plus active que la gauche. Quand je regardais des scènes, c'était l'inverse. Cet état de fait est logique, étant donné ce que nous venons d'apprendre.

Pourquoi le côté gauche a-t-il davantage réagi aux scènes qu'aux visages ? Parce que, chaque fois, l'appréciation dépendait de la rapidité du raisonnement séquentiel dans lequel excelle l'hémisphère gauche.

Considérons la photo en page 22 et la suite logique qu'elle implique : *Ceci est un revolver. Les revolvers sont dangereux. Il pointe son revolver sur moi. Cette situation est effrayante.* Aussitôt, mon amygdale gauche bondit de sa chaise, casse la vitre et tire la sonnette d'alarme. À l'opposé, cette même amygdale s'était montrée relativement tranquille (bien qu'elle ne soit pas demeurée totalement inactive) quand j'examinais les portraits. En voici la raison : l'hémisphère droit, comme de nombreuses études l'ont démontré, est à la fois doué pour reconnaître les visages et pour interpréter les expressions. Ces qualités ne dépendent pas d'un raisonnement séquentiel et analytique – nous ne regardons pas les yeux, puis le nez, puis les dents, etc. – mais d'une capacité à interpréter les parties du visage de manière simultanée et de synthétiser ces détails pour aboutir à une conclusion.

Par ailleurs, d'autres raisons ont fait que mes réactions ont différé d'une photo à l'autre. Comprendre qu'un homme pointant un revolver sur vous représente une menace est quelque chose que nous avons appris. Selon Ahmad Hariri, le neuroscientifique à la tête de cette partie du projet NIH auquel j'ai participé, la réaction produite par de telles images « a vraisemblablement été apprise au gré de l'expérience et de la transmission de valeurs sociales et peut par conséquent dériver, sinon dépendre, de réactions ayant lieu dans les régions cérébrales de l'hémisphère gauche[16] ». Si je devais montrer cette image à quelqu'un qui n'a jamais vu de revolver de sa vie, et n'a donc jamais appris combien cette arme est dangereuse, sa réaction serait l'étonnement plus que la peur. Mais si je montrais le visage en page 20 à quelqu'un n'ayant jamais vu de femme blanche, ou rencontré de personne vivant à l'extérieur de son village, il serait néanmoins capable d'identifier son expression. En fait, c'est exactement ce qu'a découvert Paul Ekman de l'université de Californie à San Francisco (nous le rencontrerons au chapitre 7) au cours de ses trente-cinq années de recherches. Cet homme a développé la série de photos (appelée *Facial*

*Action Coding System**) dont fait partie celle de la femme afin d'en tester les expressions sur des sujets allant d'étudiants universitaires à des tribus reculées de Nouvelle-Guinée. « Pas une seule fois la majorité des deux cultures n'a attribué une émotion différente à la même expression[17]. »

Mon cerveau n'est pas seulement ordinaire dans sa forme, il l'est sur le fond. Ses deux côtés œuvrent ensemble, tout en ayant des spécialités différentes. L'hémisphère gauche se charge de la logique, des séquences, de la littéralité et de l'analyse. Le droit s'occupe de la synthèse, des expressions émotionnelles, du contexte et du tableau dans son ensemble.

Une nouvelle façon de penser

Selon l'adage, le monde est divisé en deux catégories : d'un côté, ceux qui croient que tout peut être divisé en deux catégories, et les autres. Depuis toujours, les hommes semblent naturellement enclins à tout opposer dans la vie ; est ≠ ouest, Mars ≠ Vénus, logique ≠ émotion, gauche ≠ droite. Et pourtant, dans la plupart des cas, nous ne sommes pas obligés de choisir un camp (le faire peut même être dangereux) ; qui, à part le Dr Spock, pourrait mener une existence logique sans émotion ? À l'inverse, un monde rempli d'émotions sans aucune logique ne serait que larmes et crises d'hystérie, car les pendules ne seraient jamais à l'heure et les bus seraient toujours en retard. En conclusion, le yin ne peut se passer du yang.

Cela est particulièrement vrai si on le rapporte au cerveau. Les deux hémisphères marchent de concert. Que deviendrait une symphonie si les cuivres pliaient bagage et rentraient chez eux ? Voici ce qu'en pense McManus :

* Système de codage des expressions faciales.

> Bien qu'il soit tentant de parler isolément des hémisphères droit et gauche, ce sont en fait deux moitiés de cerveau, destinées à travailler ensemble, à former une entité homogène, unique, intégrée à l'intérieur d'un seul cerveau à la fois complet et parfait. L'hémisphère gauche sait traiter la logique et l'hémisphère droit connaît le monde. Assemblez les deux et vous obtiendrez une impressionnante machine à penser. Utilisez l'un sans l'autre et le résultat sera soit bizarre, soit absurde[18].

En d'autres mots, mener une vie saine, heureuse et réussie dépend des deux hémisphères du cerveau.

Quant au fonctionnement opposé de nos deux hémisphères cérébraux, il est une métaphore de la façon dont les individus et les groupes gouvernent leur existence. Certains semblent plus à l'aise avec le raisonnement logique, séquentiel, quasi informatique. Ils ont tendance à devenir hommes de loi, comptables, ingénieurs. D'autres préfèrent la pensée holistique, intuitive, non linéaire. Ceux-ci deviennent inventeurs, artistes, conseillers. Ces individus ont pour propension le modelage des familles, des institutions et des sociétés.

Appelons la première approche la « pensée G ». Elle est caractéristique de l'hémisphère gauche du cerveau – séquentiel, littéral, fonctionnel, textuel, analytique. Sur la pente ascendante pendant l'ère de l'information, illustrée par les programmeurs, louée par les cadres réalistes, et mise en valeur dans les écoles, cette forme de pensée et de conduite est gérée par les attributs du cerveau gauche, afin d'obtenir des résultats signés par le cerveau gauche. Nommons l'autre approche la « pensée D ». Elle est propre à l'hémisphère cérébral droit – simultané, métaphorique, esthétique, contextuel, synthétique. Pas assez souligné pendant l'ère de l'information, illustré par les créateurs et les infirmiers, pillé par les cadres et négligé dans les écoles, ce mode de pensée et de conduite est géré par les attributs du cerveau droit, afin d'obtenir des résultats signés par le cerveau droit*.

Évidemment, nous avons besoin des deux approches pour nous façonner des vies épanouissantes et construire des sociétés productives et justes. Mais le simple fait que je sois obligé de souligner cette évidence montre peut-être à quel point nous sommes esclaves d'une pensée réductrice et binaire. Malgré le culte auquel a donné lieu le cerveau droit au-delà de toute preuve scientifique, une forte inclination vers le gauche demeure. Notre culture élargie tend à glorifier la pensée G : cette approche est prise plus au sérieux et, bien qu'utile, son alternative est jugée secondaire.

Le changement est en marche. Il va remodeler nos vies de manière spectaculaire. Autrefois la pensée G était le chauffeur et la pensée D le passager. Aujourd'hui, la pensée D prend le volant, appuie sur l'accélérateur et décide de la destination et de l'itinéraire. Les capacités de la pensée G – le genre de choses mesurées par le SAT [examen d'entrée à l'université] et déployées par les experts-comptables agréés – demeurent nécessaires, mais elles ne suffisent plus. Oui, les attributs de la pensée D si souvent dédaignés et congédiés – l'art, l'empathie, la capacité à avoir une vue d'ensemble, la poursuite du transcendant – joueront un rôle de plus en plus essentiel pour décider de la place de chacun. Ce changement donne le vertige, mais quelle source d'inspiration ! Explorons maintenant les raisons de cet avènement.

* Parce que très peu d'activités humaines sont régies exclusivement par un seul hémisphère, j'ai choisi les termes plus pratiques de « pensée G » et de « pensée D », au lieu de pensée régie par l'hémisphère gauche du cerveau et pensée régie par l'hémisphère droit du cerveau. Il ne s'agit bien entendu pas là d'un livre de neurosciences, mais d'un ouvrage qui se sert des neurosciences pour créer une métaphore. Cependant, même dans le cas d'une métaphore (surtout dans ce cas-là...), il est important de rendre à César ce qui appartient à César. (*N.d.A.*)

2

ABONDANCE, ASIE ET AUTOMATISATION

Replongeons-nous, si vous le voulez bien, dans les excitantes années 1970, décennie de mon enfance. Quand j'étais gosse, les parents de la classe moyenne fredonnaient le même refrain à leurs enfants : ramène-nous de bonnes notes, va à la fac et choisis une profession qui te donnera un bon niveau de vie et peut-être une once de prestige. Si vous étiez bon en maths et en sciences, vous deveniez médecin. Si vous brilliez en lettres et en histoire, vous deveniez avocat. Si la vue du sang vous répugnait et que vos talents d'orateur laissaient à désirer, vous deveniez comptable. Quelques années plus tard, quand les ordinateurs sont apparus dans les bureaux et que les P-DG ont fait la une des magazines, les jeunes qui étaient vraiment doués en maths et en sciences ont choisi la haute technologie, pendant que les autres rejoignaient en masse les écoles de commerce, pensant que la clef du succès s'appelait MBA.

Avocats, médecins, comptables, ingénieurs et cadres. Le grand Peter Drucker* a donné à ce groupe de professions le surnom durable, sinon bancal de « travailleurs du savoir ». Ce sont « des gens, écrit Drucker, qui sont payés pour mettre en œuvre ce qu'ils ont appris à l'école et non pour leur force physique ou leurs talents manuels ». Ce qui distinguait ce groupe du reste de la population active était sa « capacité à acquérir et à appliquer son savoir théorique et analytique ». (En d'autres mots, ils excellent en pensée G.) Selon Drucker, ils ne seront jamais majoritaires, mais néanmoins, « ils donneront à la société émergente du savoir son caractère, sa ligne de conduite, son profil social[1] ».

Drucker, comme à son habitude, a fait mouche. Les travailleurs du savoir et leur mode de pensée ont en effet façonné le caractère, la ligne de conduite et le profil social de l'ère contemporaine. Voyez tous les péages en forme de questions à choix multiple (QCM) et autres quiz que le moindre Américain de la classe moyenne doit traverser avant d'atteindre le pays du travail du savoir : PSAT [test déterminant l'aptitude d'un candidat à présenter l'examen d'entrée à l'université], SAT [examen d'entrée à l'université], GMAT [test d'admission pour des études de commerce de troisième cycle], LSAT [examen d'entrée en faculté de droit], MCAT [examen d'entrée en faculté de médecine]. Vous avez remarqué la similarité entre les deux dernières initiales ? Ces instruments mesurent ce qui est essentiellement de la pensée G diluée. Ils requièrent de la logique et de l'analyse, ils récompensent les candidats qui cochent, tels des ordinateurs, une seule réponse correcte. L'exercice est linéaire, séquentiel et limité dans

* Théoricien américain du management à l'origine de nombreux concepts utilisés dans l'entreprise.

le temps. Une seule bonne réponse par question. On répond à la première, on passe à la suivante, et ainsi de suite, jusqu'à ce que le temps imparti soit écoulé. Ces tests sont devenus les ultimes gardiens de l'accès à une société méritocratique et bourgeoise. Ils ont créé une « quizocratie ». Dans ce régime, l'accès à une vie décente dépend de la capacité à raisonner de manière logique, séquentielle et rapide. Et ce n'est pas seulement un phénomène américain. Des examens d'entrée au Royaume-Uni en passant par les écoles de bachotage japonaises ou à *Questions pour un champion*, la plupart des nations développées ont consacré beaucoup de temps et d'énergie à produire des travailleurs du savoir à la pensée G.

Ce déploiement a connu un succès croissant. Il a mis fin à l'emprise des privilèges aristocratiques et ouvert certains champs pédagogiques et professionnels à divers groupes de personnes. Il a propulsé l'économie mondiale et amélioré certains niveaux de vie. Il faut savoir que la quizocratie est désormais sur le déclin. La pensée G qu'elle nourrit et récompense a toujours son importance, bien entendu, mais elle ne suffit plus. Aujourd'hui, nous entrons dans une ère où la pensée D déterminera de plus en plus qui avance et qui recule.

Certains d'entre vous applaudiront la bonne nouvelle. D'autres n'y verront que foutaises. Ce chapitre leur est adressé, eux qui ont suivi les conseils de leurs parents et obtenu de bons résultats aux tests d'aptitude. Afin de vous persuader que mon discours est sensé, laissez-moi vous expliquer les raisons de ce changement en faisant appel au langage mécanique du cerveau gauche – la cause et l'effet. L'effet : l'importance relativement diminuée de la pensée G et, par conséquent, l'importance accrue de la pensée D. Les causes : abondance, Asie et automatisation.

Abondance

Voici une autre anecdote remontant aux années 1970 : chaque année au mois d'août, ma mère nous emmenait, mon frère, ma sœur et moi, acheter des habits pour la rentrée. Cela se traduisait forcément par une expédition dans l'un des trois plus grands centres commerciaux de la région. À l'intérieur, les enseignes nationales côtoyaient les enseignes locales et une bonne douzaine de rayons pour enfants nous attendaient. En dehors de ces magasins, le centre en abritait une trentaine d'autres, plus petits, alignés entre les grosses enseignes. Comme la plupart des Américains de notre époque, nous considérions ce lieu et les autres centres commerciaux climatisés comme le summum de l'abondance moderne. Aujourd'hui, mes enfants seraient déçus. En effet, à une vingtaine de minutes de route de notre maison se trouvent environ quarante centres d'une taille incomparablement plus grande que les galeries commerciales d'il y a trente ans.

Prenons-en un, au hasard, peu importe lequel. Un samedi matin d'août, ma femme, nos trois enfants et moi nous y sommes rendus pour effectuer notre propre excursion de prérentrée. Nous avons commencé par le très grand magasin situé à l'extrémité du site. Dans le rayon femme, nous avons eu le choix entre des hauts et des pulls Mossimo, des blazers Merona, des vestes Isaac Mizrahi et une ligne de grossesse Liz Lane ; le rayon des habits pour enfants étant de la même envergure et presque aussi tendance. Mossimo, le designer italien, présentait une ligne complète pour enfants, y compris un pantalon et une veste en velours pour nos deux filles. Le choix était incroyablement plus intéressant, attrayant et abondant qu'à l'époque où je choisissais mes habits dans les années 1970. Mais autre chose m'a frappé quand j'ai regardé ces tenues recherchées et comparé à la mode plus prosaïque de mon temps : les vêtements étaient moins chers. Attention, nous n'étions pas dans une boutique de frimeurs. Cet ensemble en velours ? L'équivalent de 14,99 euros. Ce T-shirt de créateur ? Moins de 7 euros. Cette veste en daim pour ma femme ?

35 euros. Quelques rayons plus loin se trouvait le mobilier intérieur créé par le designer Todd Oldham. Croyez-moi, il était bien moins cher que les meubles choisis par mes parents dans le grand magasin pour la maison de l'époque. À travers le centre commercial s'étalaient des kilomètres de marchandises à bas prix et de belle allure.

Le magasin dans lequel nous sommes entrés n'est qu'un exemple de ce que toutes les autres enseignes du centre proposent à sa clientèle issue en majorité de la classe moyenne. Nous aurions pu nous rendre chez les voisins, un cube de 2 000 m² vendant 7 500 différentes sortes de fournitures scolaires et de bureau. (Il existe plus de 1 500 magasins comme celui-ci à travers les États-Unis et l'Europe.) Plus loin se dresse un immense magasin pour animaux, là encore, une vraie caverne d'Ali Baba. Chaque enseigne de la chaîne vend tous les jours pour plus de 15 000 euros de marchandises destinées à nos amis à poil, à plume et à écailles[2]. Celle-ci possède même son propre salon de beauté pour animaux domestiques. Au-delà, on a un magasin d'électronique dont la zone de vente au détail est plus grande que le pâté de maisons où je réside. La section consacrée à l'équipement TV-hi-fi-vidéo offre tout ce que la galaxie compte de télévisions – plasma, haute définition, écran plat, 42, 47, 50, 54, 56, voire 65 pouces. Au rayon téléphonie, j'ai compté 39 modèles de téléphones sans fil. Et ces quatre magasins ne constituent qu'un tiers du centre commercial.

Le plus remarquable là-bas, c'est… qu'il n'y a rien de remarquable. En effet, vous pouvez trouver une telle débauche de produits de consommation partout aux États-Unis, et de plus en plus en Europe et dans certaines parties de l'Asie. Ces temples du shopping ne sont qu'un exemple visible des changements extraordinaires qui se sont opérés dans la vie moderne. Depuis des siècles, nos existences étaient marquées par la pénurie. Aujourd'hui, le trait caractéristique de la vie sociale, économique et culturelle dans une grande partie du monde se nomme « abondance ».

Notre cerveau gauche nous a enrichis. Propulsée par des armées de travailleurs du savoir, l'économie de l'information a généré un niveau de vie dans la majeure partie du monde développé dont nos arrière-grands-parents n'auraient jamais eu idée.

En voici quelques exemples :

- Pendant une bonne partie du XXe siècle, la majorité des Américains de la classe moyenne désirait avoir une maison et une voiture. Aujourd'hui, plus de deux Américains sur trois sont propriétaires de leur logement. (En fait, quelque 13 % des habitations acquises de nos jours sont des résidences secondaires[3].) Quant aux voitures, les États-Unis possèdent actuellement plus de véhicules que de conducteurs*. Cela signifie qu'en moyenne, tous ceux qui ont le permis de conduire possèdent une voiture[4].
- Le garde-meubles (activité qui permet aux gens de stocker leur excédent d'objets) est devenu une industrie pesant 17 milliards de dollars par an aux États-Unis, plus que l'industrie du cinéma. Et ce phénomène se propage à toute allure dans les autres pays[5].
- Quand nous ne pouvons plus stocker, nous jetons. Comme l'écrit la journaliste économique Polly LaBarre : « Aux États-Unis, le budget consacré aux sacs-poubelle équivaut au budget global de quatre-vingt-dix autres pays. En d'autres mots, l'objet qui reçoit nos déchets coûte plus que les biens consommés par la moitié de la planète[6]. »

Le produit de l'abondance a quelque chose d'ironique : le triomphe de la pensée G a perdu de sa signification. La prospérité qu'elle a déclenchée a augmenté la valeur de certaines sensibilités moins rationnelles et plus tournées vers la pensée D – beauté, spiritualité, émotion. Quant aux entreprises, elles ne parviennent plus à créer un produit qui serait à la fois fonctionnel et d'un prix raisonnable. Il doit également être beau, unique

* En France, comme dans le reste de l'Europe, la proportion était de 1 voiture pour 2 habitants en 2004 (source : www.insee.fr/fr/insee_regions/languedoc/publi/chroniques_radio/pdf/Transports3_2007.pdf).

et avoir du sens, conformément à ce que l'écrivain Virginia Postrel appelle « l'impératif esthétique[7] ». L'exemple le plus flagrant de ce changement, comme l'a démontré notre petite sortie familiale, est l'obsession croissante de la classe moyenne pour le design. Des designers de renommée internationale, ceux que j'ai mentionnés plus haut, mais aussi des titans tels que Karim Rashid et Philippe Starck, créent toutes sortes d'objets pour des magasins où s'approvisionnent des Américains moyens, de la classe moyenne, moyennement cultivés. Ces points de vente ont écoulé près de trois millions de « Garbo Can », corbeilles à papier en polypropylène moulé signées Rashid. Une corbeille à papier de designer ! Essayez d'expliquer cela à votre cerveau gauche.

Tiens, parlons de cet objet que j'ai acheté lors de la même excursion familiale !

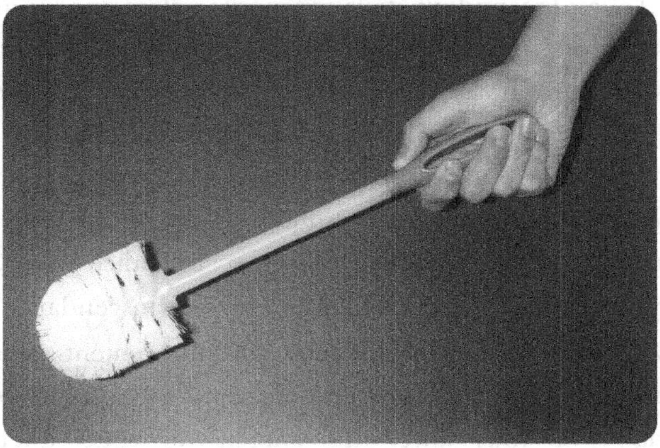

Il s'agit d'une balayette de toilettes. Attention, pas n'importe quelle balayette ! Elle a été conçue par Michael Graves, professeur d'architecture à Princeton University, architecte et designer parmi les plus renommés de la planète. Son prix : 4 euros. Seule une société d'abondance peut pousser les gens à acquérir de belles corbeilles à papier et des balayettes « déco », à transformer des articles de tous les jours en objets de désir.

Dans cette ère d'abondance, séduire uniquement nos besoins fonctionnels, rationnels et logiques n'est plus suffisant. Les ingénieurs se creusent la tête pour faire fonctionner notre quotidien, mais si leurs créations ne sont pas agréables à la vue, si l'âme du consommateur ne les trouve pas irrésistibles, peu les achèteront. Il existe trop d'alternatives. La maîtrise du design, de l'empathie, du jeu et d'autres aptitudes apparemment « insignifiantes » est désormais la meilleure manière de se démarquer sur un marché bondé.

L'abondance élève la pensée D d'une autre façon. Quand je serai sur mon lit de mort, il est peu probable que, réfléchissant sur ma vie, je me dise : « D'accord, j'ai commis quelques erreurs. Mais au moins, en 2004, j'aurai tenu dans ma main une balayette signée Michael Graves. » L'abondance nous a apporté de merveilleuses choses, pourtant cette avalanche de biens matériels ne nous a pas nécessairement rendus plus heureux. Tel est le paradoxe de la prospérité : alors que les niveaux de vie ont augmenté progressivement au fil des décennies, la satisfaction que nous tirons de notre vie personnelle et familiale n'a pas changé. Voilà pourquoi de plus en plus de gens, libérés par la prospérité, mais loin d'être comblés par elle, résolvent le paradoxe en partant à la recherche de sens. « La caractéristique la plus étonnante de notre société contemporaine, déclare Andrew Delbanco de Columbia University, est le désir insatiable d'atteindre la transcendance[8]. »

Rendez visite à une communauté raisonnablement prospère du monde avancé, pénétrez dans l'un de leurs nombreux complexes commerciaux et vous aurez un aperçu de cette quête de la transcendance en action. De l'adhésion massive aux pratiques autrefois exotiques comme le yoga ou la méditation, à l'essor de la spiritualité sur les lieux de travail, aux thèmes évangéliques dans les livres et les films, la recherche de but et de signification fait désormais partie intégrante de notre vie. Partout, les gens ne se concentrent plus sur le texte quotidien de leur vie mais sur le contexte. Bien entendu, les richesses matérielles ne profitent pas à tous dans le monde développé, sans mentionner les pays moins développés. Mais l'abondance a littéralement libéré des millions de personnes qui luttaient pour survivre, et, comme l'écrit Robert William Fogel, économiste lauréat du prix Nobel, elle « a permis d'étendre la quête de l'épanouissement personnel d'une infime partie de la population à sa quasi-totalité[9] ».

Au cas où vous ne seriez pas encore convaincus, laissez-moi vous offrir une dernière statistique qui éclairera votre lanterne. L'électricité était une denrée rare au XIXe siècle, or, aujourd'hui, quoi de plus commun ? Les ampoules sont bon marché, l'électricité a le don d'ubiquité. Des bougies ? Qui en a besoin ? Eh bien, apparemment beaucoup de gens. Aux États-Unis, les bougies représentent un commerce de 2,4 milliards de dollars par an[10]. Les raisons s'étendent au-delà du besoin logique de lumière vers le désir naissant d'un pays prospère d'atteindre la beauté et la transcendance.

Asie

Voici quatre personnes que j'ai rencontrées en écrivant ce livre :

Ces gens incarnent l'éthique du travailleur du savoir décrite au début de ce chapitre. Comme de nombreux gamins brillants de la classe moyenne, ils ont suivi les conseils de leurs parents. Ils ont eu de bonnes notes à la fac, ont obtenu soit un diplôme d'ingénieur, soit un diplôme d'informaticien dans une bonne université, et ils travaillent à présent dans une grande entreprise de logiciels. Ils développent des programmes informatiques pour des banques et des compagnies aériennes nord-américaines. Pour ce travail high-tech, aucune de ces quatre personnes ne gagne plus de 14 000 dollars* par an.

Travailleurs du savoir, je vous présente vos nouveaux concurrents : Srividya, Lalit, Kavita et Kamal, originaires de Bombay, en Inde.

Depuis quelques années, peu de problèmes ont soulevé plus de controverses et provoqué plus d'angoisses que l'externalisation des tâches. Ces quatre programmeurs et leurs collègues à travers l'Inde, les Philippines et la Chine donnent des cheveux blancs aux ingénieurs en logiciels et aux autres professionnels du cerveau gauche d'Amérique du Nord et d'Europe, suscitant protestations, boycotts et autres positionnements politiques. La programmation qu'ils effectuent, bien que ce ne soit pas la plus sophistiquée requise par les multinationales, était jusqu'à peu l'apanage des pays occidentaux. Ces employés de bureau étaient alors rémunérés environ 70 000 dollars par an**. De nos jours, des Indiens de vingt-cinq ans sont d'aussi bons programmeurs (sinon meilleurs), aussi rapides (sinon plus), et reçoivent le salaire d'un serveur de McDonald's. Et, pourtant, leur salaire, dérisoire aux yeux des Occidentaux, représente à peu près vingt-cinq fois le salaire moyen d'un Indien et leur permet d'intégrer la haute bourgeoisie locale, de partir en vacances et d'acquérir un logement.

* Soit environ 10 000 euros.

** Soit environ 50 000 euros (l'auteur se réfère bien entendu aux salaires américains).

Les programmeurs que j'ai rencontrés à Bombay ne sont que quatre gouttes d'eau ayant bénéficié d'une bonne éducation dans le tsunami global : tous les ans en effet sortent des universités indiennes environ 350 000 diplômés en ingénierie[11]. C'est une des raisons pour lesquelles plus de la moitié des 500 entreprises recensées par *Fortune*[12] sous-traitent leur création de logiciels en Inde. Un exemple : environ 48 % des logiciels GE y sont développés. Cette entreprise y emploie pas moins de 20 000 personnes et a même placardé des affiches dans ses bureaux indiens où l'on pouvait lire : « Les intrus seront embauchés. » En Inde, Hewlett-Packard emploie plusieurs milliers d'ingénieurs en logiciels ; Oracle environ 500 personnes ; Siemens 3 000 programmeurs et plus de 1 500 autres en Asie. Wipro, le grand consultant informatique, emploie quelque 17 000 ingénieurs qui travaillent pour Home Depot, Nokia et Sony. Et la liste continue. Comme le mentionne le directeur de GE Inde dans le *Financial Times* britannique : « Tout travail anglophone requis par des marchés tels que les États-Unis, le Royaume-Uni et l'Australie peut être effectué en Inde. Les seules limites sont celles de votre imagination[13]. » Et, effectivement, les imaginations débordantes se sont déjà intéressées à d'autres professions exportables en Inde, au-delà des programmeurs. Les services financiers d'entreprises tels que Lehman Brothers, Bear Stearns, MorganStanley et JP Morgan Chase ont donné en sous-traitance leurs calculs et leurs analyses financières aux diplômés de gestion indiens[14]. Les services financiers de l'agence Reuters ont expatrié leurs travaux éditoriaux les moins importants. À travers toute l'Inde, vous trouverez des experts-comptables qui préparent des déclarations d'impôts américaines, des avocats qui effectuent des recherches légales pour des procès aux États-Unis, des radiologues qui lisent des scanners pour des hôpitaux américains.

L'Inde n'est pas la seule concernée. Divers emplois de bureau de type pensée G migrent vers d'autres parties du monde. Motorola, Nortel et Intel ont installé leurs centres de développement de logiciels en Russie, où Boeing a également envoyé une grande partie de ses travaux d'ingénierie aérospatiale. Electronic Data System, le géant des services informatiques, dispose d'ingénieurs en logiciels en Égypte, au Brésil et en Pologne. Au même moment, des architectes hongrois dessinent des photocalques basiques pour des entreprises de design californiennes. Des comptables philippins effectuent des audits pour CapGemini Ernst & Young. L'entreprise hollandaise Philips emploie quelque 700 ingénieurs en Chine, un pays qui produit actuellement presque autant de diplômés en ingénierie chaque année que les États-Unis[15].

La raison principale est l'argent. Aux États-Unis, un concepteur de puce électronique moyen gagne environ 7 000 dollars par mois. En Inde, il gagne environ 1 000 dollars. Aux États-Unis, un ingénieur moyen de l'aérospatiale gagne environ 6 000 dollars par mois. En Russie, son salaire approche les 650 dollars. Alors qu'un comptable basé aux États-Unis gagne 5 000 dollars mensuels, son homologue philippin en gagne lui 300, ce qui n'est pas une petite somme dans un pays où le salaire *annuel* moyen par tête est de 500 dollars[*16].

Pour ces bataillons de travailleurs du savoir internationaux, ce nouvel ordre mondial est un rêve. Mais pour les employés de bureau au cerveau gauche d'Europe et d'Amérique du Nord, les implications sont cauchemardesques. Exemple :

- Un emploi sur dix dans l'industrie des ordinateurs, des logiciels et des technologies de l'information américaines changera de continent dans les deux prochaines années. Un emploi sur quatre dans l'informatique sera délocalisé d'ici à 2010[17].
- Selon *Forrester Research*, « au moins 3,3 millions de postes d'employés de bureau et des salaires équivalant à 136 milliards de dollars[**] passeront des États-Unis aux pays à bas coût, tels que l'Inde, la Chine et la Russie[18] », d'ici à 2015.

* Soit respectivement, environ 5 000, 714, 4 300, 460, 3750, 215 et 357 euros.
** Environ 100 milliards d'euros.

• Des pays comme le Japon, l'Allemagne et le Royaume-Uni subiront des pertes d'emplois de même échelle. À lui seul, le Royaume-Uni perdra quelque 25 000 emplois dans l'informatique. Plus de 30 000 postes dans la finance partiront vers l'Inde et d'autres nations en voie de développement dans les prochaines années. D'ici à 2015, l'Europe aura perdu 1,2 million d'emplois au profit des régions délocalisées[19].

L'angoisse suscitée par cette question dépasse la réalité. Nous n'allons pas tous perdre notre emploi demain. L'externalisation est surestimée à court terme. Mais, à longue échéance, elle est sous-estimée. Comme le coût de communication avec l'autre côté de la planète se situe aux environs de zéro, et comme les nations en voie de développement continuent à forger des millions de travailleurs du savoir extrêmement compétents, les conditions de travail des Nord-Américains, des Européens et des Japonais changeront de manière spectaculaire. Si des travaux standardisés et routiniers de type cerveau gauche, comme l'analyse financière, la radiologie et la programmation informatique, peuvent être effectués pour beaucoup moins cher à l'étranger et délivrés instantanément aux clients via la fibre optique, pourquoi se gêner ? Nombreux seront ceux qui le vivront mal, mais, en définitive, ce n'est pas si différent des transitions que nous avons connues auparavant. Voilà précisément ce qui est arrivé aux emplois routiniers de production de masse qui ont traversé les océans lors de la seconde moitié du XXe siècle. À la manière des employés d'usine qui ont dû apprendre à maîtriser de nouvelles compétences et tordre les pixels au lieu de l'acier, nombre des travailleurs du savoir actuels seront bientôt obligés de développer de nouvelles aptitudes. Ils devront faire ce que les travailleurs dans certains pays seront encore incapables de faire aussi bien et pour moins d'argent. Ils devront utiliser les capacités de leur cerveau droit afin d'établir des relations plutôt que d'exécuter des transactions, s'attaquer à de nouveaux challenges au lieu de résoudre des problèmes routiniers, synthétiser les problèmes globaux plutôt qu'analyser un seul composant.

Automatisation

Je vous présente deux autres personnes. L'une est une figure emblématique qui a peut-être existé. L'autre est un être en chair et en os, qui (à son grand regret, peut-être) pourrait devenir une icône.

La première a été immortalisée ci-dessous sur un timbre postal américain.

La plupart des écoliers américains vous le diront, John Henry était sidérurgiste. Né un marteau à la main, il était renommé pour son immense force et son intégrité. (Toutefois, personne ne peut affirmer qu'il ait réellement existé. De nombreux historiens croient, sans être capables de le prouver, qu'il s'agissait d'un ancien esclave qui avait participé à la construction des chemins de fer, après la guerre de Sécession.) Il faisait partie d'une équipe de travailleurs qui perçaient des tunnels dans les montagnes avant la pose des voies ferrées. John Henry n'était pas un ouvrier ordinaire. Il pouvait battre de l'acier plus vite et avec plus de force qu'aucun autre. Bientôt, ses exploits ont alimenté les légendes.

Un jour, paraît-il, un représentant commercial débarque sur le campement des travailleurs pour présenter un nouveau marteau-piqueur à vapeur. Il affirme que son outil peut battre l'homme le plus fort qui soit. John Henry s'esclaffe : comment un mécanisme et de la graisse peuvent-ils se mesurer aux muscles humains ? Il lance aussitôt un défi, l'homme contre la machine, pour voir qui des deux réussit à traverser plus vite le flanc de la montagne.

Le lendemain après-midi, la course débute, marteau-piqueur à droite, John Henry à gauche. La machine prend de l'avance mais John Henry la rattrape. Des morceaux de roche tombent de toutes parts, tandis que le duo perce son tunnel. Il ne faut pas longtemps à John Henry pour talonner son adversaire. Juste avant la fin de la course, il double le marteau-piqueur et émerge le premier de l'autre côté de la montagne, sous les applaudissements de ses compagnons. Mais épuisé par son effort surhumain, John Henry s'effondre. Et meurt. La légende se met en marche. Dans les ballades et les livres, le décès de John Henry devient une parabole de l'ère industrielle. Les machines réussissent parfois mieux que les hommes, mais il en résulte le sacrifice d'une partie de la dignité humaine.

Passons à notre second personnage :

Mario Tanna. GETTY IMAGES

Garry Kasparov est le maître des échecs, peut-être l'un des joueurs les plus fins de sa génération, voire le plus grand de tous les temps. Le John Henry de notre époque, une personne dont les prouesses apparemment surhumaines ont été surpassées par une machine.

Kasparov a remporté son premier championnat du monde en 1985, à peu près au moment où plusieurs équipes de recherches commençaient à développer des programmes d'échecs informatiques. Pendant dix ans, Kasparov n'a pas perdu une partie. Puis, en 1996, il vainc ce qui était alors l'ordinateur le plus puissant de l'époque.

En 1997, Kasparov affronte une machine encore plus puissante, un superordinateur IBM d'une tonne et demie appelé *Deep Blue*, au cours d'un match disputé en six parties que certains ont surnommé la « dernière chance du cerveau[20] ». À la grande surprise de nombreuses personnes, *Deep Blue* bat Kasparov, si bien qu'un seul mot s'étalera ensuite en couverture du magazine *Inside Chess* : « ARMAGEDDON[21] ! » Avide de prendre sa revanche – pour lui et tous les cerveaux gauches de la planète –, Kasparov organise un nouveau match contre *Deep Junior*, ordinateur israélien encore plus puissant qui avait gagné par trois fois le championnat du monde des ordinateurs.

Par de nombreux aspects, les échecs s'adressent par excellence aux cerveaux gauches. Ils laissent relativement peu de place à l'émotion, nécessitent de la mémoire, une pensée rationnelle et des calculs bruts – le propre des ordinateurs. Quand il regardait un échiquier, disait Kasparov, il pouvait analyser deux ou trois coups par seconde. *Deep Junior* est disons… un peu plus impressionnant. Chaque seconde, il étudie entre deux et trois millions de coups possibles. Pourtant, Kasparov croyait que les hommes possédaient d'autres atouts qui compenseraient l'inégalité de départ.

Le dimanche du Superbowl 2003, Kasparov paradait dans le très chic New York Downtown Athletic Club en vue d'une nouvelle bataille épique entre l'homme et la machine, match en six manches avec un million de dollars à la clef. Des milliers de fans étaient venus assister à la rencontre. Des millions d'autres suivaient l'action sur Internet. Kasparov enlève la première manche et perd la deuxième. Dans la troisième manche, il attaque fort, mais sur le point de gagner, il tombe dans l'un des pièges de *Junior* et perd. Dans la quatrième, Kasparov joue de manière hésitante et fait durer le suspense, tellement il est démoralisé d'avoir raté la troisième manche. Il admettra lui-même qu'il « ne pouvait pas dormir et avait perdu toute confiance en lui[22] ». Cinquième manche : nouveau match nul, laissant le dénouement du match à la sixième et dernière manche.

Kasparov prend vite la main. Comme *Newsweek* le rapportera plus tard : « Contre un être humain, il aurait joué de manière plus agressive et remporté le morceau. Mais il ne jouait pas contre un être humain. » Dans sa tentative, il commet une légère erreur qui le dévaste comme jamais une machine dénuée de sentiments ne le sera. Pis, ayant cédé l'avantage, il ne compte plus sur le fait que son adversaire si bien programmé (et non un adversaire en chair et en os) fasse une erreur qui lui permettrait de réintégrer le jeu. Cette prise de conscience paralyse le grand Kasparov et le hante le restant du match[23].

Pour finir, Kasparov jette l'éponge[24].

Les hommes ont beaucoup de conseils à donner, mais quand il s'agit d'échecs ou d'autres efforts qui dépendent en majorité d'une logique fondée sur des règles, des calculs et une pensée séquentielle, les ordinateurs sont simplement meilleurs, plus rapides et plus forts. Autre atout, les ordinateurs n'ont jamais de baisse de forme ou la migraine, ils ne cèdent pas sous la pression, ils ne ruminent pas quand ils perdent. Ils s'en fichent de savoir ce que le public pense ou ce que les journaux diront. Ils ne rêvassent pas, ne gaffent pas. Quelle leçon d'humilité pour le grand maître réputé pour son égocentrisme ! En 1987, Kasparov, alors l'enfant terrible du monde des échecs, se vantait :

« Aucun ordinateur ne peut me battre[25]. » Aujourd'hui, Kasparov, notre John Henry moderne, affirme : « Je nous laisse quelques années avant qu'ils ne gagnent tous les matches. Il se peut même que nous bataillions ferme pour remporter une seule manche[26]. »

Au siècle dernier, les machines ont prouvé qu'elles pouvaient remplacer la main de l'homme. Au XXIe siècle, les nouvelles technologies prouvent qu'elles peuvent remplacer le cerveau gauche de l'homme. Tom Peter, le supergourou du management, dit gentiment que, pour les employés de bureau, « le logiciel est un chariot élévateur de l'esprit ». Il n'éliminera pas le travail du cerveau gauche, mais il en détruira beaucoup et remodèlera le reste. Tout travail qui s'appuie sur une routine (qui peut être réduit à une liste de règles ou haché en plusieurs étapes se répétant) court un risque. Si un expert-comptable indien gagnant 500 dollars* par mois ne vous prend pas votre confortable boulot de comptable, *Turbotax* le fera.

Considérons trois professions destinées en majorité aux cerveaux gauches : programmeur, médecin et avocat. « Jadis, déclare le scientifique Vernor Vinge, quiconque possédant des capacités ordinaires pouvait devenir programmeur. Ce n'est plus vrai. Les fonctions routinières sont de plus en plus confiées aux machines[27]. » Pour exemple, une petite entreprise britannique appelée Appligenics a créé des logiciels pouvant écrire des logiciels. Alors qu'un homme moyen – que ce soit les Indiens que j'ai rencontrés ou leurs homologues mieux payés aux États-Unis – est capable de rédiger environ quatre cents lignes de code informatique par jour, les applications d'Appligenics peuvent le faire en moins d'une seconde[28] ! Résultat : alors que les basses besognes sont délocalisées, ingénieurs et programmeurs sont obligés de maîtriser différentes aptitudes, en comptant plus sur la créativité que sur la compétence, sur la connaissance

* Soit environ 357 euros.

tacite que sur les manuels techniques, sur la réalisation du tableau que sur l'exécution laborieuse des détails.

L'automatisation change également le travail des médecins. De nombreux diagnostics se résument à suivre une série d'arbres décisionnels – Est-ce une toux sèche ou grasse ? Ce nombre de globules rouges est-il au-dessus ou au-dessous de la normale ? – et à affiner la réponse. Les ordinateurs peuvent traiter la logique binaire des arbres décisionnels avec une célérité et une précision que les hommes n'approcheront jamais. En conséquence, un bataillon de logiciels et de programmes en ligne à destination des patients a vu le jour. Ils permettent d'obtenir un diagnostic préliminaire sans consulter de médecin. Les consommateurs de ces services médicaux ont, par ce biais, cherché à « connaître les risques de maladies sérieuses, comme un arrêt du cœur, une maladie coronarienne ou quelques-uns des cancers les plus courants, [et] prendre des décisions vitales une fois qu'ils sont diagnostiqués[29] », signale le *Wall Street Journal*. Au même instant se produit une explosion des bases de données électroniques sur la santé et la médecine. Sur une année type, environ cent millions de personnes recherchent en ligne des informations sur leur santé et sur la médecine, et visitent plus de 23 000 sites médicaux[30]. Étant donné que les patients s'autodiagnostiquent et exploitent les mêmes sources d'information que les médecins, ces outils transforment le rôle du praticien – de pourvoyeur omniscient de solutions, il devient conseiller empathique d'options. Bien entendu le travail quotidien des médecins implique souvent des défis trop complexes pour un logiciel, et nous comptons toujours sur des professionnels expérimentés pour diagnostiquer des maladies inhabituelles. Mais, comme je le montrerai plus tard dans ce livre, ces évolutions changent de nombreuses pratiques médicales, soulagent les professionnels d'un travail routinier, analytique, fondé sur l'information, et les rapprochent d'une médecine empathique et narrative, pourvoyeuse de soins holistiques.

Un processus similaire se dessine dans le monde juridique. Des dizaines d'offres d'informations et de conseil bon marché remodèlent la pratique juridique. Par exemple, www.completecase.com, qui se présente comme « le premier centre incontesté de divorce en ligne », se chargera de votre divorce pour seulement 249 dollars. En parallèle, le web fissure le monopole de l'information, qui est depuis longtemps la plus grosse source de revenus, et la mystique professionnelle de nombreux hommes de loi. Les avocats facturent 180 dollars l'heure, quand de multiples sites Internet (www.lawvantage.com par exemple) proposent des formulaires légaux et d'autres documents de base pour seulement 14,95 dollars*. Comme le mentionne *The New York Times* : « Au lieu de payer des avocats plusieurs milliers de dollars pour rédiger des contrats », les clients téléchargent à présent les formulaires adéquats puis emmènent « les documents génériques à leur avocat qui les personnalise pour quelques centaines de dollars pièce ». Selon le journal, il en résulte que l'industrie légale « est peut-être au bord d'un changement radical... [qui] pourrait réduire la demande de services traditionnels et obliger les avocats à réduire leurs frais[31] ». Ceux qui survivront seront capables d'appréhender des problèmes bien plus complexes et de fournir un service que les bases de données et les logiciels n'assurent pas : conseil, médiation, expériences de salle d'audience et autres qui dépendent de la pensée D.

Récapitulons : trois forces font pencher la balance en faveur de la pensée D. L'abondance a satisfait et même plus que satisfait les besoins matériels de millions d'individus. Elle a renforcé la signification de la beauté et accéléré la recherche de sens. L'Asie effectue actuellement à des coûts vraiment très compétitifs de très nombreux travaux routiniers destinés aux cols blancs adeptes de la pensée G. Par conséquent, elle

* Soit respectivement 190, 135 et 11 euros.

oblige les travailleurs du savoir du monde avancé à maîtriser des compétences qui ne peuvent pas être expédiées à l'autre bout de la planète. Pour finir, l'automatisation concerne désormais les cols blancs de cette génération, à l'image des cols bleus de la génération précédente. Elle requiert des professionnels de la pensée D qu'ils développent des compétences dans des domaines où les ordinateurs ne feront ni mieux, ni plus vite, ni à moindre coût.

Que se passe-t-il ensuite ? Que va-t-il nous arriver maintenant que nos vies sont estampées par l'automatisation et l'Asie, et reconfigurées par l'abondance ? Nous l'examinerons dans le chapitre suivant.

3

HIGH CONCEPT, HIGH TOUCH

Considérons les cent cinquante dernières années comme un drame en trois actes.

Dans le premier acte, sous l'ère industrielle, d'immenses usines et des chaînes de montage efficaces faisaient fonctionner l'économie. Le personnage principal était le travailleur qui produisait en série, et dont les traits cardinaux étaient la force physique et le courage personnel.

Dans l'acte II, sous l'ère de l'information, les États-Unis et les autres nations industrialisées ont commencé à évoluer. La production de masse est passée à l'arrière-plan tandis que l'information et le savoir alimentaient l'économie des pays développés. Le personnage principal de cet acte était le travailleur du savoir qui se caractérisait par sa maîtrise de la pensée G.

DE L'ÈRE AGRICOLE À L'ÈRE CONCEPTUELLE

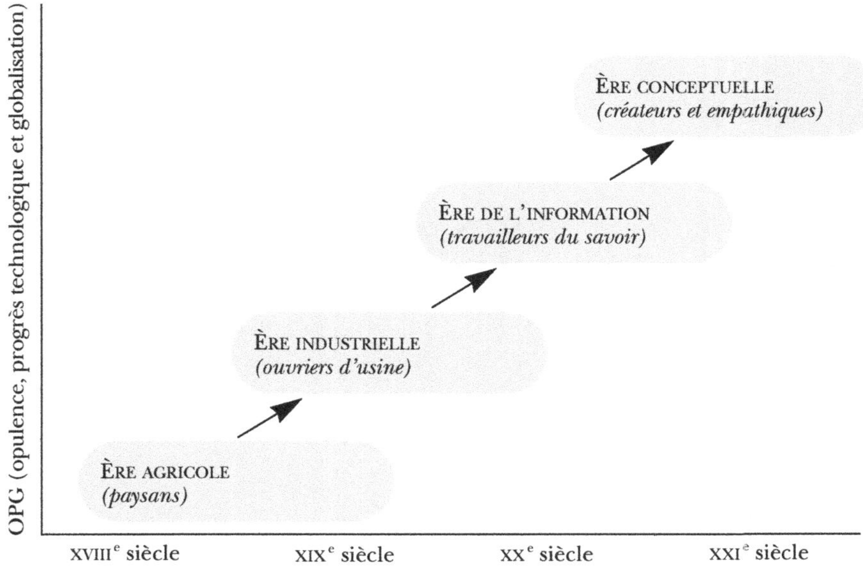

Aujourd'hui, alors que les forces de l'abondance, de l'Asie et de l'automatisation se sont approfondies et intensifiées, le rideau se lève sur l'acte III. Appelons cet acte l'ère conceptuelle. Les personnages principaux en sont le « créateur » et l'« empathique », qui se caractérisent par leur maîtrise de la pensée D.

J'ai décrit cette progression dans le schéma ci-dessus. Je me suis permis d'élargir l'histoire et d'inclure le prédécesseur de l'ère industrielle : l'ère agricole. L'axe horizontal représente le temps, l'axe vertical la combinaison de l'opulence, du progrès technologique et de la globalisation (que j'ai abrégé en OPG). Plus les individus s'enrichissent, plus les technologies gagnent en puissance et plus la planète communique. Au final, ces trois forces prennent assez de vitesse pour pousser l'humanité dans une nouvelle ère. Ainsi, au fil du temps, l'ère agricole a cédé la place à l'ère industrielle, puis à l'ère de l'information. La dernière occurrence de ce schéma est la transition actuelle de l'ère de l'information à l'ère conceptuelle, à nouveau nourrie par l'opulence (l'abondance qui caractérise la vie occidentale), le progrès technologique (l'automatisation de divers types d'emplois de bureau) et la globalisation (certains travaux du savoir émigrant en Asie).

En résumé, nous sommes passés d'une société de paysans à une société d'ouvriers d'usine puis de travailleurs du savoir. Et, aujourd'hui, nous évoluons encore, vers une société de concepteurs et d'empathiques, de spécialistes de la reconnaissance des formes et de créateurs de sens.

Le dessin ci-après décrit cette même évolution, mais d'une manière qui parlera certainement plus à l'hémisphère droit de votre cerveau.

Et si une image vaut un millier de mots, la métaphore équivaut à un millier d'images. Après une économie construite sur le « dos » des gens, puis une économie construite sur leur « cerveau gauche », voilà qu'émerge aujourd'hui un monde de plus en plus construit sur leur « cerveau droit ».

Quand les économies et les sociétés dépendaient des usines et de la production de masse, la pensée D était quasiment hors de propos. Puis, tandis que nous évoluions vers le travail du savoir, elle a gagné une part de légitimité, bien qu'elle soit demeurée au second plan, derrière le mode de pensée G. Aujourd'hui que l'Amérique du Nord, l'Europe occidentale, l'Australie et le Japon muent à nouveau, la pensée D atteint peu à peu la parité sociale et économique, et, dans de nombreux cas, trouve sa place sur le devant de la scène. Au XXIe siècle, elle a surpassé ses pairs et est devenue la clef de la réussite professionnelle et de la satisfaction personnelle.

Clarifions les choses : l'avenir n'est pas un monde manichéen dans lequel les individus seraient d'un côté guidés par la pensée G et éteints, de l'autre emmenés par la pensée D et euphoriques – un pays où les potiers millionnaires rouleraient en BMW et les programmeurs débarrasseraient les tables au McDo. La pensée G demeure indispensable. Simplement, elle ne suffit plus. À la place, dans l'ère conceptuelle, nous avons besoin d'une nouvelle façon de penser.

High concept et high touch

Afin de survivre dans cette ère, les individus et les entreprises doivent se pencher sur leur activité professionnelle et se poser trois questions :

1. Est-ce qu'une personne à l'étranger effectuerait mon travail à moindre coût ?
2. Est-ce qu'un ordinateur irait plus vite ?
3. Le travail que je fournis correspond-il à cette ère d'abondance ?

Si vous répondez oui à la question 1 ou 2, ou si vous répondez non à la question 3, vous courez au-devant d'ennuis. Notre survie actuelle dépend de notre capacité à effectuer un travail que les travailleurs du savoir situés à l'autre bout du monde ne peuvent pas réaliser à un meilleur coût, que de puissants ordinateurs sont incapables d'accomplir plus vite, et qui satisfait l'un des désirs transcendants et immatériels de cette ère d'abondance.

Voilà pourquoi la haute technologie ne suffit plus. Nous avons besoin de compléter nos excellentes capacités high-tech avec des capacités high concept et high touch. (Comme je l'ai mentionné dans l'introduction, high concept implique l'aptitude à créer une beauté émotionnelle et artistique, à repérer des schémas et des niches, à fabriquer un récit satisfaisant et à combiner des idées apparemment distinctes pour en faire jaillir du nouveau. High touch implique l'aptitude à ressentir de l'empathie pour les autres, à comprendre les subtilités des échanges humains, à trouver de la joie au plus profond de soi, à aider les autres à puiser cette joie en eux, à dépasser le quotidien et à se lancer à la poursuite d'un but et de sens[1].)

High concept et high touch gagnent du terrain dans toutes les sociétés et les économies du monde. Chose étonnante, les preuves les plus éloquentes se situent dans les endroits les plus improbables. Prenons les écoles de médecine, bastions depuis longtemps réservés aux meilleurs élèves qui faisaient en outre preuve des capacités analytiques les plus pointues. De nos jours, il a suffi d'une génération pour que le programme des écoles de médecine américaines subisse son plus grand changement. Les étudiants de la Columbia University Medical School et d'ailleurs sont formés à la « médecine narrative », parce que les recherches ont révélé que, en dépit du pouvoir des diagnostics informatiques, une partie importante du diagnostic se trouve dans l'histoire du patient. À la Yale School of Medicine, les étudiants aiguisent leurs capacités d'observation au Yale Center for British Art, parce que étudier la peinture aide à découvrir des détails subtils sur l'état de santé d'un patient. En parallèle, plus de cinquante écoles de médecine à travers les États-Unis ont incorporé un enseignement dédié à la spiritualité dans leur cursus. La UCLA Medical School a établi un programme hospitalier de nuit, au cours duquel les étudiants de deuxième année sont admis à l'hôpital pour cause de maladies bénignes fictives. Le but de cette mise en scène ? « Développer l'empathie des étudiants pour leurs patients », affirme l'école. La Jefferson Medical School à Philadelphie a même instauré une nouvelle mesure de l'efficacité des médecins : un coefficient d'empathie[2].

Quittons les hôpitaux universitaires et allons à la rencontre du Japon : deuxième économie mondiale, ce pays, qui s'est relevé de ses cendres après la Seconde Guerre mondiale grâce à son intense détermination à utiliser la pensée G, se penche actuellement sur la source de sa puissance. Bien que les étudiants japonais dominent le monde des maths et des sciences, nombreux sont ceux qui se disent au Japon que la focalisation inflexible de la nation sur les ouvrages universitaires est une approche dépassée. Par conséquent, le pays modifie son système éducatif tant vanté afin de privilégier la créativité, l'art et le jeu. Peu étonnant que les exportations japonaises les plus lucratives ne soient plus les voitures ou l'électronique, mais la culture pop[3]. Parallèlement, en réaction aux pressions académiques écrasantes exercées sur la jeunesse japonaise, le ministère de l'Éducation incite ses étudiants à réfléchir sur le sens et la mission de leur vie, et encourage ce qu'il appelle l'« éducation du cœur ».

Quand vous serez revenu du Japon, rendez-vous dans un troisième lieu surprenant : la multinationale General Motors. Il y a quelques années, ce mammouth a offert à un homme dénommé Robert Lutz un poste à haute responsabilité. Bob Lutz n'est ni du genre démonstratif ni poseur. Cet homme d'environ soixante-dix ans au visage buriné et aux cheveux blancs a fait carrière chez les trois plus gros fabricants d'automobiles. Cet ancien marine en a gardé l'allure et le comportement. Il fume des cigares, pilote son propre avion, croit que le réchauffement de la planète est un mythe colporté par le mouvement écologiste. Mais voici ce qu'il a répondu quand *The New York Times* lui a demandé en quoi son approche serait différente de celle de ses prédécesseurs : « Elle sera plus tournée vers le cerveau droit... Je nous vois dans le business de l'art. L'art, la distraction et la sculpture mobile qui, quelle coïncidence ! permettent également de transporter les gens[4]. »

Laissons cette citation faire son chemin. General Motors – modèle qui ne remonte pas à l'ère de l'information, mais à l'ère industrielle – se voit dans le business de l'art. L'art ! Et le directeur dans ce royaume de la pensée D n'est pas un artiste coiffé d'un béret, mais un ancien marine de soixante-dix balais aux cheveux blancs. Pour paraphraser Buffalo Springfield, il se passe quelque chose ici et on commence à y voir plus clair*. Les capacités high concept et high touch s'installent au cœur de nos vies.

MBA [mastère de gestion] et MFA [diplôme supérieur des beaux-arts]

Entrer à Harvard Business School ? C'est du gâteau. Du moins c'est ce que pensent les centaines de personnes qui chaque année postulent pour un troisième cycle au UCLA Department of Art et... sont refusées. Alors que le MBA d'Harvard ne prend que 10 % des candidats, l'école des beaux-arts d'UCLA n'en admet que 3 %. Pourquoi ? Un diplôme des beaux-arts représente aujourd'hui une référence dans un monde où même General Motors affirme se situer dans le business de l'art. Les chasseurs de têtes rendent de plus en plus visite aux plus grandes écoles d'art. Cette approche élargie se fait souvent aux dépens de diplômés d'écoles de commerce plus traditionnelles. Par exemple, en 1993, 61 % des recrues du cabinet de conseil McKinsey possédaient un MBA. Moins

* Référence à une chanson du groupe (de courte durée) Buffalo Springfield, qui compta notamment parmi ses membres Neil Young.

d'une décennie plus tard, ce chiffre descendait à 43 %, car selon McKinsey, les nouveaux issus d'autres disciplines sont tout aussi compétents dans l'entreprise. Avec la hausse des candidatures et l'augmentation du nombre de licenciés en art à des postes clefs, les règles ont changé : les diplômes supérieurs en art sont les nouveaux MBA.

Pour quelles raisons ? Revenons aux deux forces dont j'ai parlé dans le chapitre précédent. L'Asie a fait de nombreux diplômés MBA les cols bleus du XXIe siècle : cette main-d'œuvre à l'avenir prometteur a vu ses emplois partir à l'étranger. Les banques d'affaires, comme nous l'avons vu, confient leurs analyses financières à des MBA en Inde. A.T. Kearney estime que dans les cinq prochaines années, les entreprises américaines de services financiers transféreront un demi-million d'emplois dans des régions à bas prix, en Inde par exemple. Comme le dit *The Economist*, les tâches de base d'un MBA « autrefois refilées à de jeunes recrues ambitieuses mais inexpérimentées qui travaillaient de longues heures pour faire leurs preuves à Wall Street ou à la City de Londres sont, grâce au miracle de la fibre optique, confiées à leurs homologues indiens moins payés ». Au même moment, l'abondance a fait prendre conscience aux entreprises qu'il n'y avait qu'une seule manière de promouvoir leurs biens et leurs services sur le marché actuel surchargé : rendre leurs offres physiquement belles et émotionnellement irrésistibles. En conséquence, les capacités high concept d'un artiste ont souvent plus de valeur que les talents facilement copiés du cerveau gauche d'un diplômé d'école de commerce de base.

Au milieu du siècle dernier, Charlie Wilson, cadre chez GM devenu ministre de la Défense américain, a fait cette célèbre remarque : ce qui est bon pour General Motors est bon pour l'Amérique. En ce siècle nouveau, il est temps de mettre la maxime de Wilson à jour. Ce qui se passe chez General Motors se passe en Amérique et ce qui se passe en Amérique se passe dans de nombreux pays. Aujourd'hui, nous savons tous que c'est une question d'art.

Aux États-Unis, le nombre de graphistes a été multiplié par dix en dix ans. On dénombre quatre graphistes pour un ingénieur en génie chimique. Depuis 1970, le nombre de personnes gagnant leur vie en tant qu'écrivain a augmenté de 30 %, celui de personnes gagnant leur vie en composant ou en jouant de la musique a doublé. Quelque deux cent quarante universités américaines ont instauré des programmes MFA d'écriture créative[5]. Actuellement, les Américains travaillent plus dans les arts, le divertissement et le design qu'en tant qu'avocats, comptables ou commissaires aux comptes[6]. (Ainsi va l'époque : quand les recherches légales de routine sont envoyées à l'étranger et que les informations légales de base sont disponibles en ligne, que reste-t-il pour les personnes traditionnellement chargées de l'instruction des affaires ? Ces travaux high concept sont effectués par Animators at Law, une entreprise de graphisme située à Alexandria en Virginie composée de diplômés en droit qui préparent des expositions, des vidéos et des aides visuelles afin d'aider les avocats qui plaident à l'audience à persuader les jurés.)

En 2002, Richard Florida, l'urbaniste de Carnegie Mellon University, a identifié un groupe de 38 millions d'Américains qu'il a qualifié de « classe créative ». Selon lui, ils sont la clef du développement économique. Même si sa définition de « créatif » est étonnamment large – il inclut les comptables, les experts en sinistre et les conseillers fiscaux –, il est difficile d'ignorer l'accroissement de ces classes. Leur présence dans la population active américaine a doublé depuis 1980 et est dix fois supérieure à ce qu'elle était il y a un siècle[7]. Une tendance similaire en relation avec le travail high concept se dessine dans le reste du monde. Utilisant une définition plus raisonnable de « créatif » – qui inclut quinze industries, du design aux arts du spectacle, de la recherche et du développement aux jeux vidéo –, l'analyste britannique John Hawkins estime que le secteur créatif au Royaume-Uni produit environ 200 milliards de dollars de biens et de services par an. Hawkins calcule que dans quinze ans, ce secteur vaudra environ 61 trillions de dollars sur le plan international, faisant de la nation high concept l'une des plus grandes économies au monde[8]. Entre-temps, des organismes britanniques tels que la London Business School et la Yorkshire Water Company ont établi des programmes « Artistes à domicile ». Unilever UK emploie des peintres, des poètes et des créateurs de bandes dessinées pour inspirer le reste du personnel. Un des clubs de football du nord de Londres possède, lui, un poète à demeure.

Mais l'art, dans le sens traditionnel, n'est pas le seul composant de ces aptitudes émergentes bicérébrales, il n'est pas le plus important non plus. Revenons à ces stars de l'ère de l'information : les programmeurs. L'externalisation de la conception routinière de logiciels accorde une valeur supplémentaire aux ingénieurs en logiciels aux fortes capacités high concept. Pendant que les Lalit et les Ritesh du monde se chargent des travaux routiniers de fabrication, de maintenance, de contrôle et d'amélioration des logiciels, les personnalités appartenant à l'ère conceptuelle se concentrent sur la nouveauté et la nuance. Après tout, pour que les programmeurs indiens aient quelque chose à fabriquer, à entretenir, à contrôler ou à améliorer, il faut l'imaginer ou l'inventer, puis l'expliquer et l'adapter au consommateur avant d'entrer dans le tourbillon commercial. Tout cela nécessite des capacités qui ne sont pas réductibles à une liste de règles sur une notice technique : ingéniosité, affinités personnelles et instinct viscéral.

QI et QE

Quand, dans le futur, les conservateurs de musée monteront une exposition sur le système scolaire du XXe siècle, ils auront à leur disposition un grand choix d'objets – épais manuels, tableaux poussiéreux, bureaux en plastique moulé aux surfaces d'écriture panoramiques. Un élément mérite toutefois une considération particulière. Je recommande qu'au centre de l'exposition les conservateurs enferment dans un cube en verre étincelant un crayon HB bien taillé.

S'il y avait un jour pénurie de crayons HB, c'est tout le système éducatif qui risquerait de s'effondrer. Depuis le moment où ils sont capables de tenir en main ces bouts de bois, les enfants subissent des batteries de tests destinées à mesurer leurs capacités actuelles et leur potentiel. Dans les écoles primaires, nous estimons le QI des enfants. Plus tard, nous mesurons leur talent en lecture et en maths, puis nous comparons leurs résultats avec les graphiques d'autres enfants à l'échelle locale, nationale et internationale. Bien avant leur arrivée à la fac, les enfants se préparent à passer l'examen d'entrée à l'université et doivent traverser un véritable désert pour atteindre la Terre promise, un bon travail et une vie épanouie. Comme je l'ai remarqué, la quizocratie a ses bons côtés. Mais ce joyeux système de tests dissimule de nombreuses faiblesses qui n'ont été reconnues que très récemment.

Daniel Goleman, auteur du révolutionnaire ouvrage *L'Intelligence émotionnelle*[9], a étudié un panel de recherches universitaires qui tentaient de mesurer à quel point le QI (qui, comme les QCM et autres quiz, mesure les performances de la pensée G) compte dans le succès d'une carrière. Que croyez-vous que ces études aient découvert ? Prenez un crayon HB et devinez.

Selon de récentes recherches, dans quelles proportions le QI compte-t-il dans le succès d'une carrière ?

a. de 50 à 60 % ?

b. de 35 à 45 % ?

c. de 23 à 29 % ?

d. de 15 à 20 % ?

La réponse est : de 4 à 10 %. (Se limiter aux seules réponses proposées est un symptôme de pensée G excessif.) Selon Goleman, le QI peut influencer le choix de la profession. Mon QI, par exemple, est bien trop bas pour envisager une carrière en astrophysique. Mais dans une profession, la maîtrise de la pensée G entre relativement peu en ligne de compte. Plus importantes sont les qualités plus difficiles à quantifier, exactement le genre de capacités high concept et high touch que j'ai mentionnées précédemment : imagination, joie de vivre, dextérité sociale. Pour prendre un exemple, les recherches effectuées par Goleman et Hay Group ont montré qu'à l'intérieur d'une entreprise le dirigeant le plus performant était drôle, et ses subordonnés riaient trois fois plus que ceux des autres dirigeants[10]. (Et l'humour, j'y reviendrai au chapitre 8, dépend beaucoup de l'hémisphère droit du cerveau.) Dites-moi, avez-vous déjà vu un test standard qui mesure les capacités comiques d'un individu ?

En vérité, vous en trouverez un à New Haven dans le Connecticut où un professeur de technologie de Yale University développe un SAT alternatif. Le professeur Robert Sternberg a nommé son test le « projet Arc-en-ciel », projet qui semble bien plus marrant que l'examen stressant que nombre d'Américains ont subi durant leur adolescence. Dans le test de Sternberg, les étudiants reçoivent cinq dessins humoristiques du *New Yorker* dont le texte a été effacé et qu'ils doivent inventer. Ils doivent également écrire ou raconter une histoire à partir du titre qu'on leur aura fourni (titre type : « Les mouchards de la pieuvre ».) Les étudiants sont confrontés à des défis de la vie courante – se rendre à une fête où ils ne connaissent personne, essayer de convaincre des amis de les aider à déplacer des meubles – et doivent expliquer leur réaction. Bien qu'encore à un stade expérimental, le projet Arc-en-ciel a évalué avec beaucoup plus de précision que le SAT les chances de réussite des étudiants à l'université. En outre, l'écart constant entre les prestations des étudiants blancs et celles des minorités raciales, évident lors du SAT, diminue considérablement lors de ce test.

Le test de Sternberg ne vise pas à remplacer le SAT, juste à l'améliorer. (En fait, il est en partie financé par la commission universitaire qui sponsorise le SAT.) Notons que le SAT a récemment été révisé afin d'inclure un exercice de rédaction. L'existence même du projet Arc-en-ciel est révélatrice. « Si vous ne réussissez pas le SAT, déclare Sternberg, toutes les routes d'accès au succès dans notre société vous seront barrées. » Mais comme le reconnaissent de plus en plus d'éducateurs, ces barrages peuvent exclure certaines personnes possédant des capacités que le SAT ne mesure pas[11].

Cela est particulièrement vrai pour ce qui touche au high touch – l'aptitude à compatir, prendre soin d'autrui, s'élever l'esprit –, qui devient un élément clef de nombreuses activités dans l'ère conceptuelle. Le nombre d'emplois dans les « professions à vocation sociale » (conseil, soins, assistance sanitaire) enfle. Par exemple, alors qu'ils exportent des emplois de programmeurs informatiques high-tech, les pays avancés importent des infirmières des Philippines et d'autres pays asiatiques. Conséquence de cette pénurie, les salaires des infirmières grimpent et le nombre d'hommes pratiquant ce métier a doublé aux États-Unis depuis les années 1980[12]. Nous en apprendrons plus à ce sujet dans le chapitre 7.

Argent et sens

Pendant que le travail devient high concept et high touch, le changement le plus significatif de l'ère conceptuelle se passe peut-être à l'extérieur du bureau, c'est-à-dire dans notre cœur et notre âme. La recherche de sens et de transcendance par exemple est la tarte à la crème de nos sociétés modernes. Aux États-Unis, dix millions d'adultes pratiquent régulièrement une forme de méditation. Ce nombre a doublé en dix ans. Quinze millions de personnes s'adonnent au yoga, soit deux fois plus qu'en 1999. Les divertissements populaires américains regorgent à tel point de thèmes spirituels que *TV Guide* a annoncé l'avènement de la « télévision transcendantale[13] ».

Le vieillissement des baby-boomers américains, comme le vieillissement encore plus flagrant des populations japonaises et européennes, accélère aussi cette transformation. « Tandis que les gens mûrissent, écrit le psychologue Daniel Wolfe, leurs schémas cognitifs deviennent moins abstraits (orientation du cerveau gauche) et plus concrets (orientation du cerveau droit), ce qui a pour conséquence un sens plus aigu des réalités, une capacité émotionnelle accrue et une augmentation de leur sens relationnel[14]. » En d'autres termes, plus l'individu vieillit, plus il accorde d'importance à des qualités qu'il a peut-être négligées dans son empressement à faire carrière et à fonder une famille : but, satisfaction intrinsèque, signification.

De fait, deux chercheurs ont affirmé que cette armada de baby-boomers empathiques à la recherche de sens avait déjà colonisé nos rivages. En 2000, Paul Ray et Sherry Ruth Anderson ont identifié une sous-culture de cinquante millions d'Américains qu'ils ont surnommés les « créatifs culturels ». Ces créatifs culturels, proclament-ils, comptent pour un quart de la population américaine adulte, soit environ la taille de la France. Et les attributs de cette cohorte font écho à de nombreux éléments d'une approche de la vie de type pensée D. Exemple : les créatifs culturels « synthétisent à merveille ». Ils apprécient cette forme de connaissance souvent considérée comme typiquement féminine : « l'empathie, l'écoute, la volonté d'embrasser une éthique humanitaire, de considérer l'expérience personnelle et les histoires à la première personne comme d'importants moyens d'apprendre[15] ».

Les baby-boomers entrent dans l'ère conceptuelle l'œil rivé sur leur âge. Ils acceptent le fait que leur vie est derrière eux, et non devant.

Une arithmétique aussi indiscutable aide à se concentrer sur l'esprit. Après des décennies à chercher fortune, l'argent présente moins d'attraits. Pour eux et de nombreux autres, c'est désormais le sens qui crée la richesse.

Quelles sont les implications de cette proposition dans notre vie de tous les jours ? Comment pouvons-nous nous préparer à entrer dans l'ère conceptuelle ? À un premier niveau, la réponse est simple : dans un monde désarçonné par l'abondance, l'Asie et l'automatisation, dans lequel la pensée G demeure nécessaire mais insuffisante, nous devons acquérir des compétences en pensée D et maîtriser des aptitudes à la fois high concept et high touch ; nous devons accomplir des travaux que les travailleurs du savoir du bout du monde n'effectuent pas à moindre coût et que les ordinateurs ne font pas plus vite, des travaux qui satisfont les exigences esthétiques, émotionnelles et spirituelles de ces temps de prospérité. Mais, à un autre niveau, cette réponse est inadéquate. Alors, que sommes-nous donc censés faire ?

J'ai passé ces quelques dernières années penché sur la question. Et ma réponse se trouve dans les six aptitudes high concept et high touch spécifiques que je vous aide maintenant à comprendre et à maîtriser : elles sont devenues essentielles dans cette nouvelle ère. Je les ai appelées les « six sens » : design, histoire, symphonie, empathie, jeu, sens.

II

DEUXIÈME PARTIE

Les six sens

PRÉSENTATION DES SIX SENS

Dans l'ère conceptuelle, nous aurons besoin de compléter notre raisonnement axé sur la pensée G et de maîtriser six aptitudes essentielles axées sur la pensée D. Ensemble, ces six sens high concept et high touch nous aideront à développer une nouvelle façon de penser pour le monde nouveau qui s'ouvre à nous.

1. *Pas simplement une fonction, mais aussi un* DESIGN. Aujourd'hui, il est crucial d'un point de vue économique et personnellement gratifiant que les produits, services, événements ou modes créés soient non seulement fonctionnels mais aussi beaux, surprenants ou touchants.

2. *Pas seulement un raisonnement, mais aussi une HISTOIRE.* Dans un monde rempli d'informations et de données, il n'est pas évident d'organiser avec efficacité son raisonnement. Il se trouvera toujours quelqu'un quelque part pour trouver un argument réfutant votre point de vue. C'est pourquoi l'essence de la persuasion, de la communication et de la compréhension de soi tient dans votre capacité à subjuguer votre auditoire.

3. *Pas seulement de la cohérence, mais aussi de la SYMPHONIE.* Sous l'ère industrielle et l'ère de l'information, cohérence et spécialisation étaient nécessaires. Mais tandis que les tâches les plus routinières sont délocalisées en Asie ou confinées aux logiciels, on redécouvre la valeur de ce que j'appelle « symphonie », à savoir la capacité à assembler différents éléments. De nos jours, ce n'est pas d'analyse dont on a le plus besoin, mais de synthèse – avoir une vie d'ensemble, franchir les limites, être capable d'agencer des pièces disparates et d'en faire un tout saisissant.

4. *Pas seulement une logique, mais aussi de l'EMPATHIE.* La pensée logique est l'une des caractéristiques de l'homme. Mais dans un monde dominé par l'information et les outils analytiques avancés, la logique seule ne suffit plus. Ceux qui prospéreront se distingueront par leur capacité à comprendre les motifs profonds de leurs semblables, à lier connaissance et à prendre soin des autres.

5. *Pas seulement du sérieux, mais aussi du JEU.* Les bénéfices du rire, de la gaieté, des jeux et de l'humour sur la vie professionnelle comme sur la santé sont prouvés. Bien entendu, il y a un temps pour être sérieux. Mais trop de sobriété peut nuire à votre carrière et surtout à votre bien-être général. Dans l'ère conceptuelle, au travail et dans la vie, nous avons besoin de jouer.

> 6. *Pas seulement de l'accumulation, mais aussi du* SENS. Nous vivons dans un monde où l'abondance matérielle nous a, ainsi que des millions de personnes, affranchis des luttes quotidiennes afin que nous poursuivions des désirs plus importants qui se nomment : sens de la vie, transcendance et épanouissement spirituel.

Design ; histoire ; symphonie ; empathie ; jeu ; sens. Ces six aptitudes vont jouer un rôle croissant dans nos vies et façonner notre monde. Nul doute que nombre d'entre vous apprécieront le changement. D'autres risquent d'y voir la prise de contrôle hostile du quotidien par une bande d'illuminés branchés et prétentieux bien décidés à éliminer tous ceux qui n'auraient pas la fibre suffisamment artistique ou émotive. N'ayez crainte ! Les capacités high concept et high touch qui importent désormais le plus sont des attributs fondamentalement humains. Après tout, nos ancêtres des cavernes ne passaient pas d'examen avant d'entrer à la fac. Ils racontaient des histoires, montraient de l'empathie, créaient et innovaient. Mais après quelques décennies passées sous le règne de l'information, ces muscles se sont atrophiés. Le défi consiste à leur redonner forme et c'est dans cette optique qu'ont été conçus les portfolios situés à la fin de chaque chapitre. Cet assortiment d'outils, d'exercices et de lectures complémentaires vous aidera à développer autrement les deux hémisphères de votre cerveau. Car, si maîtriser les six sens de l'ère conceptuelle est à la portée de tout le monde, ceux qui y parviendront les premiers auront une bonne longueur d'avance sur les autres. Commençons donc.

4

DESIGN

Feu Gordon MacKenzie, longtemps créateur chez Hallmark Cards, a raconté un jour une histoire qui est vite entrée dans le folklore des designers. MacKenzie était un type à l'esprit civique qui se rendait souvent dans les écoles pour parler de son métier. Il se présentait toujours comme un artiste. Puis il faisait le tour de la salle, examinait les productions artistiques accrochées aux murs et demandait à voir les auteurs de ces chefs-d'œuvre.

« Combien d'artistes y a-t-il dans cette pièce ? Levez la main, je vous prie ! »

Les réponses suivaient toujours le même schéma. À la maternelle et au cours préparatoire, tous les gamins levaient la main sans hésiter. En CE1, environ trois quarts des enfants se manifestaient encore, quoique avec un peu moins d'enthousiasme. En CE2, seuls quelques élèves réagissaient. Et en sixième, pas une seule main ne se levait. En revanche, les enfants regardaient autour d'eux pour voir qui admettrait avoir un comportement en général qualifié de « déviant » à cet âge-là.

Les designers et autres créatifs répétaient l'anecdote de MacKenzie – souvent autour d'un verre, généralement sur un ton mélancolique – pour montrer que le vaste monde donnait bien peu de valeur à leur travail. Et quand MacKenzie en personne narrait cette histoire à un public toujours plus nombreux, les gens secouaient doucement la tête. Quelle honte ! marmonnaient les uns. Quel dommage ! gloussaient les autres. Tous se lamentaient.

En vérité, ils auraient dû être outrés. Ils auraient dû se précipiter dans l'école de leur quartier et exiger une explication. Ils auraient dû réconforter leurs enfants, affronter le directeur et évincer la commission scolaire. Parce que cette histoire n'a pas pour objet de nous tirer des larmes devant les faibles moyens mis à la disposition de l'enseignement artistique. Elle est destinée à tirer la sonnette d'alarme.

La richesse des nations et le bien-être des individus dépendent à présent de leurs artistes. Dans un monde enrichi par l'abondance, mais perturbé par l'automatisation et l'externalisation des emplois de bureau, tout le monde, toutes professions confondues, doit cultiver une sensibilité artistique. Il ne s'agit pas d'être Dalí ou Degas mais il faut être designer.

Il est tentant de rejeter le design, de le réduire à un rôle de simple ornement destiné à embellir les lieux et les objets afin de masquer leur banalité. C'est ignorer à la fois la vraie nature et le rôle du design. Voici l'explication de John Heskett, un spécialiste du sujet : « Par essence, le design est la capacité de l'homme à façonner et à créer son environnement d'une manière qui n'existe pas dans la nature, afin de le faire correspondre à ses besoins et de donner du sens à son existence[1]. »

Posez ce livre et jetez un œil autour de vous. Tout ce qui vous entoure a été conçu. La police de ces lettres. Le livre que vous tenez dans vos mains. Les habits que vous portez. Le fauteuil sur lequel vous êtes assis. Le bâtiment qui vous abrite. Ces choses font partie de votre quotidien parce que quelqu'un d'autre les a imaginées et leur a donné vie.

Le design est une capacité bicérébrale classique. C'est, pour emprunter les termes de Heskett, la combinaison de l'*utile* et du *significatif*. Un graphiste doit bricoler une brochure qui soit facile à lire. Utile. Mais, pour être plus efficace, sa brochure doit aussi transmettre des idées ou des émotions que les mots seuls ne peuvent véhiculer. Significatif. Un concepteur de meubles doit créer une table qui ne soit pas bancale et tolère son poids (utile). Mais la table doit aussi posséder un attrait esthétique qui transcendera sa fonctionnalité (significatif). L'utile s'apparente à la pensée G, le significatif à la pensée D. De nos jours, l'utile est omniprésent, peu onéreux et relativement facile à obtenir, ce qui accroît la valeur du significatif.

« Je crois que les designers sont les alchimistes de l'avenir. »

— RICHARD KOSHALEK,
président du Art Center College of Design

Le design – l'utile mis en valeur par le significatif – est devenu la clef de l'épanouissement personnel et du succès professionnel pour trois raisons au moins. *Primo*, l'essor de la prospérité et l'avancée de la technologie ont rendu le design de qualité plus accessible que jamais, permettant ainsi à un nombre croissant de personnes de profiter de ses apports et d'apprécier à sa juste valeur une connaissance autrefois spécialisée. *Secundo*, dans une époque d'abondance matérielle, le design est devenu crucial dans certaines entreprises modernes. Il permet de se démarquer de ses concurrents et de créer de nouveaux marchés. *Tertio*, comme le design sort de son ghetto, il sera de plus en plus facile d'en faire usage pour changer le monde, qui est son but ultime.

J'ai vu ces trois raisons converger, un matin glacial de février, dans un bureau situé à un pâté de maisons d'Independence Hall au centre de Philadelphie. Feu Gordon MacKenzie devait sourire au-dessus de nous.

Il est dix heures du matin dans le studio de graphisme de Mike Reingold. L'air est empli d'une musique apaisante et une étudiante pose sur une chaise perchée sur une table, pendant que ses dix-neuf camarades dessinent sa silhouette sur leurs grands cahiers à dessin. On pourrait être dans une académie des beaux-arts guindée, à un détail près : les jeunes dessinateurs sont en seconde et la plupart d'entre eux viennent des quartiers les plus chauds de Philadelphie.

Bienvenue à CHAD – Charter High School for Architecture and Design –, une école publique sans frais de scolarité qui prouve que le design a le pouvoir de développer les jeunes esprits, tout en brisant le mythe qui réserve le design à quelques privilégiés.

Avant d'entrer à CHAD en troisième, la majorité de ces étudiants n'avait jamais mis les pieds dans une salle de dessin, et un tiers d'entre eux savait à peine lire et compter. Mais aujourd'hui, s'ils suivent les pas de leurs aînés, 80 % d'entre eux iront à l'université pour suivre un cursus de deux ou quatre ans. Certains s'inscriront au Pratt Institute ou à la Rhode Island School of Design.

Fondé en 1999, CHAD a été le premier lycée public au programme centré sur le design. Son but n'était pas simplement de former une nouvelle génération de designers et de diversifier une profession en majorité blanche. (Trois étudiants de CHAD sur quatre sont afro-américains, 88 % proviennent de minorités ethniques.) Il s'agissait aussi d'utiliser le design pour enseigner des sujets théoriques essentiels. Les étudiants passent une heure et demie par jour dans un bureau de graphisme. Ils suivent des cours d'architecture, de design industriel, de peinture, de théorie des couleurs. À noter que l'école marie le design aux maths, aux sciences, à l'anglais, aux sciences sociales et à d'autres sujets. Par exemple, quand ils étudient l'Empire romain, les élèves ne se contentent pas de se documenter sur le processus de distribution de l'eau, ils construisent une maquette d'aqueduc. « Ils apprennent à assembler des informations disparates et à trouver une solution. Voilà ce que font les designers, explique Claire Gallagher, ancienne architecte autrefois responsable des programmes et de l'enseignement. Le design est interdisciplinaire. Nous produisons des personnes capables de penser de manière holistique. »

Voici Sean Canty, élève de première qui a poussé dans cette atmosphère bicérébrale. C'est un garçon intelligent, maigrichon, qui sous son air dégingandé d'ado de seize ans en impose autant que n'importe quel vieux designer. Quand je lui ai parlé après ses cours, il m'a raconté que dans son collège où régnait l'anarchie : « J'étais le gamin qui dessinait toujours en classe. Celui qui était doué en cours de dessin. Mais on te prend forcément pour un excentrique, parce que le gars qui a la fibre artistique dans une classe est toujours regardé de travers. » Depuis la seconde, il a trouvé sa place et vécu des expériences inhabituelles pour un garçon de son âge. Il est en stage deux après-midi par semaine dans un cabinet d'architecte non loin. Il s'est rendu à New York pour dessiner une affiche avec l'aide d'un tuteur rencontré grâce à CHAD. Il a construit les maquettes de « deux tours cool » qu'il aimerait bâtir un jour. Et pourtant, Canty dit que la chose la plus importante qu'il ait apprise à CHAD dépasse n'importe quelle compétence : « J'ai appris à travailler en équipe et à me "nourrir" des autres. »

> **« Le bon design est une attitude "Renaissance" qui combine la technologie, la science cognitive, les besoins des hommes et la beauté. Le bon design donne au monde quelque chose qui lui manquait sans qu'il le sache. »**
>
> — PAOLA ANTONELLI,
> *conservatrice de la section architecture et design, Museum of Modern Art (MoMA)*

Le simple fait de longer les couloirs de CHAD est source d'inspiration. Les créations artistiques des étudiants trônent dans le hall. Dans les couloirs sont exposés des meubles donnés par le Cooper-Hewitt Museum. Et, à l'intérieur de l'école, on peut voir des œuvres signées Karim Rashid, Kate Spade et Frank Gehry. Certaines sont présentées dans des casiers qui ont été transformés en présentoirs. Les étudiants portent tous un pantalon ocre et une chemise boutonnée bleue. Les garçons ont une cravate. « Cette tenue leur donne l'impression et l'allure de jeunes architectes et designers », m'a affirmé la directrice du développement de l'école, Barbara Chandler Allen. Ce qui n'est pas une petite prouesse dans une école où un nombre conséquent d'élèves a droit à un repas gratuit.

Pour une grande partie de ces étudiants, l'école est un refuge au cœur d'un monde cruel, un endroit où règne la discipline, où ils se sentent en sécurité, où les adultes s'intéressent à eux et fondent de grands espoirs sur eux. Alors que le taux de présence quotidien dans les lycées publics de Philadelphie est en moyenne de 63 %, à CHAD, il monte à 95 %. Autre signe révélateur : CHAD est le seul lycée de Philadelphie dépourvu de détecteur de métaux.

Quand ils passent les grilles d'entrée sur Sansom Street, étudiants, professeurs et visiteurs sont accueillis par une peinture murale colorée réalisée par le minimaliste américain Sol Lewitt.

Même si CHAD est pionnier en la matière, ce n'est pas la seule école de ce genre. Le système d'écoles publiques de Miami est fier de sa High School of Art and Design. Washington D.C. possède une école primaire publique appelée The Studio School, où de nombreux professeurs sont des artistes professionnels. Au-delà des écoles primaires et secondaires, l'enseignement du design est en plein essor.

Quincy Ellis, étudiant à CHAD.

Aux États-Unis, comme nous l'avons vu au chapitre 3, le diplôme des beaux-arts (MFA) est devenu le nouveau MBA. Au Royaume-Uni, le nombre d'étudiants en design a grimpé de 35 % entre 1995 et 2002. En Asie, la somme totale d'écoles de design japonaises, sud-coréennes et singapouriennes il y a trente-cinq ans était de... zéro. Aujourd'hui, ces trois pays dénombrent plus de vingt-trois établissements de ce type[2].

Bien entendu, un certain nombre de ces étudiants ne deviendront pas au final des designers professionnels. « Ce n'est pas grave, déclare la directrice, Christina Álvarez. Nous sensibilisons les étudiants au design et à la manière dont il touche leur vie. À mon avis, ce programme apporte une version moderne d'une éducation artistique à ces gamins. » Peu importe le chemin que prendront ces étudiants par la suite, grâce à ce qu'ils auront vécu dans cette école ils seront davantage capables de résoudre leurs problèmes, de comprendre les autres et d'apprécier le monde qui les entoure – qualités essentielles dans l'ère conceptuelle.

La démocratie du design

Frank Nuovo est l'un des concepteurs-dessinateurs industriels les plus connus au monde. Si vous utilisez un téléphone portable Nokia, neuf chances sur dix que Nuovo ait participé à sa conception. Toutefois, plus jeune, Nuovo a eu énormément de difficultés à expliquer son choix de carrière à sa famille : « Quand j'ai dit à mon père que je voulais être designer, il m'a demandé : "Tu veux être quoi ?" » Le mot « design » rend les gens nerveux, aussi « avons-nous besoin d'apaiser les esprits » en ce domaine, affirme Nuovo. « Le design dans sa forme la plus simple consiste à créer des solutions. C'est une activité que tout le monde pratique tous les jours. »

Dès l'instant où un type en pagne a frotté un caillou contre un morceau de silex pour créer une pointe de flèche, les êtres humains sont devenus designers. Même à l'époque où nos ancêtres parcouraient la savane, notre espèce a rêvé de nouveauté et de beauté. Pourtant, au cours de l'histoire, le stylisme (et surtout son cousin plus intimidant, le design) a souvent été réservé à une élite qui pouvait se permettre de telles frivolités et avait le temps de les apprécier. Le reste de l'humanité se trempait de temps à autre les orteils dans ce bien-être, mais, la plupart du temps, elle restait bien loin de la piscine.

Ces dernières décennies ont vu l'apparition d'un changement. Le design s'est démocratisé. Si vous ne me croyez pas, faites ce test. Ci-dessous se trouvent trois polices de caractères. Reliez la police utilisée à gauche avec son nom à droite.

1. L'homme aux deux cerveaux	a. Times New Roman
2. L'homme aux deux cerveaux	b. Arial
3. L'homme aux deux cerveaux	c. Courier New

Je devine, après avoir effectué ce petit test de nombreuses fois au cours de mes recherches lors de la rédaction de ce livre, que la majorité d'entre vous a accompli cette tâche rapidement et correctement*. Mais si je vous avais posé cette colle il y a, mettons, vingt-cinq ans, vous auriez séché. À l'époque, la fonte était le domaine spécialisé des compositeurs et des graphistes, et restait à peu près inconnue du grand public. Aujourd'hui, nous nous inscrivons dans un nouvel habitat. La plupart des Occidentaux sachant lire, écrire et se servir d'un ordinateur savent ce qu'est une fonte. « Les natifs de la forêt tropicale savent différencier plusieurs sortes de feuilles, déclare Virginia Postrel. Nous avons appris à distinguer différentes polices[3]. »

Bien entendu, la fonte n'est qu'un aspect de la démocratisation du design. L'une des entreprises de vente au détail qui a le plus réussi cette dernière décennie est Design Within Reach**, un réseau de trente et un ateliers dont la mission est de populariser le grand design auprès des masses. DWR propose des chaises, des lampes et des bureaux magnifiques semblables à ceux que les riches se sont toujours offerts et les met à la portée de plus larges segments de la population. Le centre commercial Target (décrit en chapitre 2) est allé encore plus loin dans la démocratisation du design, abolissant dans bien des cas la distinction entre le grand luxe et la marchandise de masse. Le prouve sa ligne de vêtements Isaac Mizrahi. Dans les pages du *New York Times,* Target propose une tasse antifuites pour bébé Philippe Starck à 3,49 dollars à côté de montres Concord LaScala à 5 000 dollars et de bagues en diamants Harry Winston à 30 000 dollars. De même, Michael Graves, dont j'ai acheté la balayette durant cette fameuse expédition à Target, vend désormais d'élégants kiosques, ateliers ou vérandas en kit à construire soi-même. Aucun de nous ne pourrait se payer, pour aménager sa salle à manger, les services de Graves, qui a conçu des bibliothèques, des musées et des maisons à plusieurs millions de dollars. Mais pour 10 000 dollars, nous pourrions acheter l'un de ces

* Les réponses correctes sont : 1-b, 2-c, 3-a. (*N.d.A.*)
** Le design à portée de main.

pavillons Graves et profiter « chez soi » de la beauté et la grâce de l'un des architectes les plus raffinés du monde*.

Le design s'est infiltré au-delà du domaine commercial. Il n'est donc pas surprenant que Sony emploie quatre cents designers en interne. Mais qui aurait pu penser que le personnel de l'église The Church of Jesus Christ of Latter-day Saints comprenait soixante designers[4] ? Et pendant que Dieu auditionne les artistes, Oncle Sam s'occupe de décorer la salle. General Services Administration, qui supervise la construction des bâtiments du gouvernement américain, possède un programme « Excellence du design » destiné à embellir les mornes installations fédérales afin qu'il y soit plus agréable de travailler. Même les diplomates américains ont répondu aux nouveaux impératifs actuels. En 2004, le Département d'État américain a déclaré qu'il abandonnait la police en cours depuis des années – Courier New 12 – et la remplaçait par une nouvelle fonte standard qui serait par conséquent requise dans tous les documents : Times New Roman 14. Le mémo interne annonçant le changement expliquait que la fonte Times New Roman « avait un look plus net, plus clair et plus moderne tout en prenant exactement la même place sur une page que Courier New 12[5] ». Plus remarquable que le changement en lui-même – et ce qui aurait été impensable si ce dernier s'était produit une génération plus tôt –, c'est que tout le personnel du Département d'État a compris de quoi parlait cette note.

Design = business / business = design

La démocratisation du design a altéré la logique compétitive. Traditionnellement, les entreprises rivalisaient sur le prix ou la qualité, voire la combinaison des deux. Mais, aujourd'hui, ces deux aspects ne

* Respectivement 2,5, 3 670, 22 000 et 7 330 euros.

sont plus que deux critères parmi d'autres dans le jeu économique – le ticket d'entrée pour être admis sur le marché. Une fois que les entreprises ont satisfait à ces exigences, il leur faut rivaliser moins sur des qualités fonctionnelles ou financières des produits et davantage sur des qualités impalpables comme l'originalité, la beauté et la signification. Ce que je dis n'a rien de très nouveau. Tom Peters, que j'ai cité dans le chapitre précédent, s'intéressait au design avant que la plupart des businessmen ne sachent la différence entre un magnum de champagne et la série *Magnum*. (« Le design, dit-il aux entreprises, est la principale différence entre l'amour et la haine. ») Tout comme dans la note du Département d'État, ce n'est pas tant l'idée en elle-même que l'ampleur qu'a prise l'urgence commerciale du design qui est extraordinaire.

« Il est inutile que les businessmen comprennent mieux les designers. Il faut qu'ils deviennent designers. »

— ROGER MARTIN,
doyen de la Rotman Management School

Prenons deux hommes issus de pays et évoluant dans des univers différents. Paul Thompson est le directeur du Cooper-Hewitt Museum de New York. Norio Ohga était président d'un groupe aussi dynamique que high-tech : Sony.

Thompson : « Les industriels commencent à admettre que nous ne pouvons pas rivaliser avec la structure des prix et les coûts de main-d'œuvre asiatiques. Comment rester dans la course ? Grâce au design[6]. »

Ohga : « Chez Sony, nous partons de l'idée que tous les produits de nos concurrents possèdent à la base les mêmes technologies, prix, prestations et caractéristiques. Le design est la seule chose qui différencie un produit d'un autre sur le marché[7]. »

Les arguments de Thompson et d'Ohga sont de plus en plus corroborés par les comptes et le niveau de stock des entreprises. Selon une étude de la London Business School, à chaque pourcentage de vente investi dans le design d'un produit correspond une hausse de 3 ou

4 % en moyenne des ventes et bénéfices[8]. De même, d'autres études ont montré que les actions des entreprises où le design est au centre des préoccupations sont de loin les plus performantes[9].

Les voitures en sont un excellent exemple. Comme je l'ai déjà signalé, les États-Unis possèdent plus de voitures que de conducteurs – cela signifie que la grande majorité des Américains qui veut une voiture peut s'en offrir une. Cette ubiquité a fait baisser les prix et renforcé la qualité. Par conséquent, le design est devenu un critère clef dans la décision des consommateurs. Les fabricants d'automobiles américains ont mis du temps à comprendre la leçon. « À partir des années 1960, les directeurs du marketing se sont polarisés sur la science et la technologie, passant leur vie à réunir des données et à étudier les chiffres et négligeant l'importance de l'autre hémisphère du cerveau, le droit », affirme Anne Asenio, responsable du design chez General Motors. Et le résultat a été catastrophique à Detroit. Il a fallu des non-conformistes comme Bob Lutz, que nous avons croisé au chapitre 3, pour montrer que l'utile a besoin de sens. C'est ainsi que Lutz a pu déclarer que GM était dans le business de l'art, faisant du même coup des designers les égaux des ingénieurs. « Il faut se distinguer si l'on veut survivre, continue Asenio. Je pense que les designers ont un sixième sens, une antenne qui leur permet d'y parvenir mieux que n'importe quel autre professionnel[10]. »

« Le design correctement exploité peut améliorer l'existence, créer des emplois et rendre les gens heureux – ce qui n'est en soi pas si mal. »

— PAUL SMITH, *styliste*

D'autres firmes automobiles ont changé de vitesse et se sont engagées dans la même voie. Chris Bangle, de BMW, a déclaré : « Nous ne fabriquons pas des “automobiles” », mais « des œuvres d'art mobiles qui expriment l'amour de la qualité de leur conducteur[11] ». L'un des vice-présidents de Ford affirme que « par le passé, on ne parlait que de gros V8. Aujourd'hui, il n'est question que d'harmonie et d'équilibre[12] ».

C'est avec une telle frénésie que les firmes automobiles ont cherché à utiliser le design pour se différencier que, comme l'écrit *Newsweek*, « dans la culture machiste de Detroit, les chevaux-vapeur sont passés à l'arrière et ont laissé le volant à l'ambiance. Le Salon automobile de Detroit... ferait mieux de s'appeler le Salon de la décoration intérieure de Detroit[13]. »

La cuisine apporte de nouvelles preuves de la valeur accordée au design. Nous le voyons, bien entendu, dans ces cuisines haut de gamme comprenant frigo américain rutilant et cuisinière gargantuesque. Cependant, le phénomène est encore plus flagrant pour les objets plus petits et moins onéreux qui peuplent nos placards et plans de travail. Ouvrez un tiroir dans une maison lambda. Je mets ma main à couper que vous y trouverez un ouvre-bouteille en forme de chat hilare, une cuillère à spaghettis qui sourit à vos pâtes, ou un économe aux yeux globuleux et aux jambes grêles – tous ont reçu des implants qui les « humanisent ». Tiens, allez acheter un grille-pain. Vous aurez toutes les difficultés du monde à vous procurer un vieux modèle tout bête, parce que aujourd'hui, ils sont stylisés, funky, fantaisie, aérodynamiques... et autant d'adjectifs qui ne sont en général pas associés au petit électroménager.

Certains experts considéreront ces faits comme de la manipulation de masse menée par des vendeurs retors ou une preuve supplémentaire que les Occidentaux des classes supérieures sont hypnotisés par le style. C'est là une bien mauvaise interprétation de la réalité économique et de l'aspiration humaine. Reprenons notre malheureux grille-pain. M. X ne l'utilise pas plus de quinze minutes par jour. Et le reste de la journée (soit mille quatre cent vingt-cinq minutes) ? Le grille-pain est en exposition sur le plan de travail. En d'autres termes, 1 % de l'existence du grille-pain est dévolue à l'utile, pendant que 99 % sont consacrés au significatif. Alors, pourquoi ne serait-il pas beau, surtout si, pour une somme raisonnable, il peut en plus avoir un look sympa ? Ralph Waldo Emerson disait que, si vous construisiez une souricière améliorée, le monde entier se précipiterait chez vous. Mais, dans une ère d'abondance, il faut que cette souricière améliorée plaise aussi à l'hémisphère droit du cerveau.

L'accélération des échanges commerciaux a fait du design une aptitude essentielle. Les produits d'aujourd'hui voyagent de l'utile (pensée G) au significatif (pensée D) en un clin d'œil. Prenez les téléphones portables. En moins d'une décennie, ils sont passés du produit de luxe réservé à quelques happy few à un objet de première nécessité accessible à la plupart. Il est aussi devenu une expression accessoirisée de l'individualité pour beaucoup. D'« appareils logiques » (dont on mettait en avant la vitesse et les fonctions spécialisées), ils se sont métamorphosés en « appareils émotionnels » (« expressifs, personnalisables et fantaisie »), comme l'affirme le Japonais Toshiro Iisuka, qui travaille dans le secteur du petit matériel électronique[14]. Les consommateurs dépensent presque autant en façades décoratives et autres gadgets (non fonctionnels) que pour le téléphone lui-même. L'année dernière, ils ont acheté pour environ quatre milliards de dollars de sonneries[15].

L'un des effets économiques les plus convaincants du design est sa capacité à créer de nouveaux marchés – que ce soit des sonneries, des ustensiles de cuisine fantaisie, des cellules photovoltaïques ou des appareils médicaux. Les forces de l'abondance, de l'Asie et de l'automatisation transforment les biens et les services en marchandises avec une telle rapidité que la seule manière de survivre consiste à constamment innover, à inventer de nouvelles catégories, et (pour reprendre la jolie formule de Paola Antonelli) à donner au monde quelque chose qui lui manquait sans qu'il le sache.

Concevoir notre avenir

Le design ne sert pas seulement à remplir notre cuisine d'instruments destinés à remuer à la fois nos sauces et notre âme. Le bon design a le pouvoir de changer le monde (le mauvais design aussi, hélas).

« Il est faux de dire que ce qui est utile est beau. Par contre, ce qui est beau est utile. La beauté peut améliorer nos manières de vivre et de penser. »

— ANNA CASTELLI FERRIERI,
conceptrice de meubles

Prenons les services médicaux. La plupart des hôpitaux et des cabinets de médecin ne sont pas franchement des temples du charme et du bon goût. Et quelle que soit l'envie du personnel médical et administratif de changer cet état de fait, la prescription de médicaments et les actes chirurgicaux passent toujours avant. Toutefois, il fait de moins en moins de doute que l'amélioration du design dans les lieux médicalisés aide les patients à guérir plus vite. Par exemple, une étude sur le Montefiore Hospital de Pittsburgh montre que les patients opérés qui se trouvaient dans des chambres jouissant d'assez de lumière naturelle demandaient moins d'analgésiques et leur besoin en médicaments était inférieur de 21 % par rapport aux patients installés dans des chambres traditionnelles[16]. Une autre étude comparait deux groupes de patients souffrant de maladies bénignes identiques. Le premier était soigné dans une unité ancienne et lugubre de l'hôpital, l'autre dans un service moderne, éclairé par le soleil et agréablement conçu. Les patients se trouvant dans la seconde unité requéraient moins d'analgésiques que ceux de la première et sortaient en moyenne deux jours plus tôt. De nombreux hôpitaux modifient désormais la conception de leurs installations afin d'inclure de grandes quantités de lumière naturelle, des salles d'attente offrant à la fois intimité et confort, et un éventail de caractéristiques propres au design, comme

Terrasse sur le toit de Chelsea Court à New York. SCOTT FRANCES

des jardins destinés à la méditation et des labyrinthes qui, les médecins s'en rendent compte aujourd'hui, peuvent accélérer le processus de guérison.

De même, un nouveau sens du design peut être apporté dans deux autres cas où la beauté a depuis longtemps cédé la place à la bureaucratie : les écoles secondaires publiques et les logements sociaux. Une étude effectuée à Georgetown University a montré qu'améliorer l'environnement physique d'une école pouvait accroître le taux de réussite aux examens de 11 % alors que les étudiants, les professeurs et l'approche éducative demeurent les mêmes[17]. En parallèle, les logements sociaux, réputés pour leur esthétique abominable, connaissent peut-être les prémices d'une renaissance. Un bel exemple est donné par l'architecte Louise Braverman et son Chelsea Court à New York. Construit à partir d'un budget très serré, le bâtiment possède des escaliers colorés, des appartements clairs, et une terrasse sur le toit meublée par Philippe Starck, alors que les occupants, parfois d'anciens sans-abri, ont des revenus modestes.

Le design peut aussi avoir des bénéfices environnementaux. Le mouvement du « design vert » incorpore un principe de durabilité dans la conception des biens de consommation. Cette approche fait appel à des matériaux recyclables, tout en gardant un œil sur l'utilisation et surtout l'élimination éventuelle de ces produits. L'architecture emprunte ce chemin, en partie parce que les architectes et les designers ont compris que les bâtiments polluent autant que voitures et usines combinées. Plus de 1 100 immeubles américains ont souscrit au US Green Building Council afin d'obtenir un certificat « vert »[18].

Si vous n'êtes toujours pas convaincus que l'influence du design peut se faire sentir au-delà des Abribus et des planches à découper, rappelez-vous l'élection présidentielle américaine de 2000 et la confusion qui a régné pendant trente-six jours avant de savoir qui d'Al Gore ou de George W. Bush avait obtenu le plus de voix en Floride. Si cette élection et ses conséquences s'apparentent aujourd'hui à un mauvais rêve, on a négligé d'en tirer les leçons qui s'imposaient pourtant. Les démocrates ont prétendu que la Cour suprême, en arrêtant le recomptage des bulletins, avait permis l'élection de George W. Bush. Les républicains ont affirmé que leurs rivaux avaient essayé de leur voler la victoire en pressant les officiels de compter des petits bouts de bulletins qui n'étaient pas correctement poinçonnés. La vérité ? Tout le monde a tort.

Un examen de tous les bulletins de vote de Floride a été effectué un an après le scrutin par plusieurs journaux et universitaires. Leurs découvertes n'ont pas fait le poids face à la couverture médiatique qui a suivi les attaques terroristes du 11 septembre 2001, avant d'être complètement oubliées après la réélection de Bush en 2004. Voilà donc ce qui a déterminé le choix du président américain en 2000 :

Bruce Weaver. GETTY IMAGES

Cette photo montre le tristement célèbre bulletin « papillon » utilisé par les électeurs de Palm Beach County pour choisir le président. Dans cette enclave majoritairement démocrate où vivent des dizaines de milliers d'électeurs juifs âgés, le candidat ultraconservateur Pat Buchanan a obtenu 3 407 voix, soit trois fois plus que dans les autres comtés de l'État. (Certaines statistiques montrent que si le schéma électoral des 66 autres comtés de l'État s'était appliqué à Palm Beach, Buchanan n'aurait récolté que 603 voix[19].) De plus, 5 237 électeurs de Palm Beach County ont poinçonné leur bulletin à la fois en faveur d'Al

Gore et de Pat Buchanan, si bien que leur vote a été comptabilisé comme nul. Bush l'a emporté dans l'État de 537 voix.

Comment expliquer la prestation stupéfiante et les milliers de bulletins nuls ?

Par un bulletin mal conçu.

C'est une enquête indépendante qui a découvert le pot aux roses. Le résultat de Palm Beach County (qui a ensuite déterminé qui serait à la tête de la première puissance économique et politique mondiale) n'est pas dû à une Cour suprême malintentionnée ou à des confettis récalcitrants. Non, c'est la faute à un mauvais design. Le bulletin « papillon » a dérouté des milliers d'électeurs et coûté la présidence à Gore, selon le professeur qui a conduit ce projet. « La confusion des électeurs face aux instructions, au design du bulletin et aux machines à voter semble avoir changé le cours de l'histoire américaine[20]. » Si Palm Beach County avait fait appel à quelques artistes lors de la conception du bulletin de vote, le cours de l'Histoire aurait certainement été différent*.

Aujourd'hui, on peut penser ce qu'on veut du résultat de l'élection pour le pays. Et je ne dis pas cela uniquement parce que j'ai travaillé pour Al Gore il y a dix ans et que je suis encore inscrit au parti démocrate. Le mauvais design aurait pu tourner à l'avantage des démocrates, au détriment des républicains (et il se peut que ce soit le cas un jour). Mais quelle que soit votre opinion politique, je vous propose de considérer le bulletin « papillon » comme l'équivalent, pour l'ère conceptuelle, du lancement du *Spoutnik* : un événement inattendu qui a changé la face du monde et qui a révélé à quel point les Américains avaient négligé une force qui, nous l'avons découvert ensemble, a une importance fondamentale : le design.

* Bien moins connu, le bulletin de Duval County qui montrait cinq candidats sur une page et cinq sur l'autre page. Les instructions disaient de « voter à chaque page ». Dans ce comté, 7 162 bulletins Gore ont été refusés parce que les électeurs ont choisi deux candidats comme président. Si les instructions avaient été plus claires, Duval County aurait lui aussi fourni à Gore les voix de la victoire. (*N.d.A.*)

Le design est une aptitude high concept qu'il est difficile de sous-traiter ou d'automatiser. Par ailleurs, il confère un avantage compétitif de plus en plus décisif dans les affaires. Un design de qualité, plus accessible et abordable aujourd'hui que jamais, nous offre la possibilité d'apporter du plaisir, du sens et de la beauté à notre existence. Mais le plus important est de cultiver sa sensibilité au design afin de faire de notre petite planète un monde meilleur pour tous. « Être designer, c'est être agent du changement, affirme Barbara Chandler Allen, de CHAD. Le monde sera tellement meilleur le jour où les gamins de CHAD déferleront sur la planète. »

PORTFOLIO

Design

Histoire

Symphonie

Empathie

Jeu

Sens

Concevoir un carnet de design

Achetez un petit carnet et emportez-le avec vous partout où vous allez. Chaque fois que vous verrez du grand design, prenez des notes. (Exemple : un dessous de plat en silicone à 6,95 dollars* – carré peu épais et flexible auquel j'ai trouvé de multiples fonctions supplémentaires et qui, en plus, est décoratif.) Faites la même chose avec le mauvais design. (Exemple : le bouton de warning de ma voiture est si près du levier de vitesse que, chaque fois que je me mets en position « parking », j'allume les feux de détresse.) D'ici peu, vous regarderez les objets qui vous entourent d'un œil beaucoup plus averti. Vous comprendrez alors de manière plus subtile combien les choix de design façonnent notre vie de tous les jours. Intéressez-vous aussi au design des expériences que vous vivez – s'offrir un café, voyager en avion, entrer aux urgences. Si vous n'êtes pas du genre à prendre des notes, emportez un petit caméscope numérique ou un téléphone portable doté d'un appareil photo et photographiez le bon et le mauvais design.

Canaliser ses contrariétés

1. Choisissez un article ménager dont la conception vous contrarie.

* Environ 5 euros.

2. Rendez-vous dans un café avec du papier et un crayon, mais sans livre et sans journal. Pendant que vous buvez votre café, réfléchissez à la manière d'améliorer cet article.

3. Envoyez votre idée ou votre dessin au fabricant de l'appareil ou de l'objet incriminé.

On ne sait jamais ce qu'il peut en ressortir.

(Cette idée vient de Stefan Sagmeister, coach en design graphique. *Pour plus d'informations :* www.sagmeister.com)

Lire sur le design

Les designers professionnels lisent des revues sur le design (qui les obsèdent ensuite). Faites de même (sans que cela tourne à l'obsession). Lire ou simplement feuilleter ce genre de magazine (dont certains cependant se contentent de transformer en fétiches des objets onéreux, et de remplir les kiosques à journaux), se balader sur des sites Internet peuvent vous stimuler la vue et vous donner de l'inspiration. En voici une petite sélection maison*.

• Magazines sur le design

AD digest, architecture, décoration, arts, design

Multitude de reportages sur le beau au quotidien, des astuces pour décrypter votre intérieur, des visites organisées dans des demeures insolites, le tout à partir des critères esthétiques les plus pointus.

Intramuros

« Revue bimestrielle et bilingue (français/anglais), *Intramuros* analyse et traite toute l'actualité du design international dans

* Tout ce qui a trait à la France, la Suisse ou la Belgique, ici et dans le reste de l'ouvrage, est le résultat de recherches effectuées par la traductrice.

l'ensemble de ses applications : mobiliers, objets, architecture intérieure, mode, nouvelles technologies, anticipe les nouvelles tendances du marché et valorise l'impact économique et créatif du design dans l'industrie, révèle de nouveaux talents, sélectionne les meilleurs produits et propose les dernières informations sur le design : les salons, les nouveaux lieux, les expositions, les livres… »

(*Pour plus d'informations* : www.intramuros.fr)

Elle décoration

Cette revue est à la décoration ce que *Elle* est à la femme – un mélange d'atmosphères chic, de styles raffinés, d'innovation et de bon goût destiné à la bourgeoise qui sommeille en chaque lectrice.

Guide Déco 2005 réalisé en collaboration avec *Maison Française, Maisons Côté Sud, Maisons Côté Ouest* et *Maison Magazine.*

Spécial mobilier et luminaires, vue exhaustive de la création contemporaine, à la fois originale et intemporelle où esprit, humour et aspect pratique s'entremêlent.

Étapes

Magazine consacré aux arts graphiques, à la création, au design, aux images.

(*Pour plus d'informations* : www.etapes.com)

- **Sites Internet sur le design**

http://www.agenda-design.com/

Un dérivé de www.pyramyd.fr, centre de formation destiné aux professionnels de la communication visuelle, qui propose toute l'actualité culturelle du design et du graphisme ainsi que les manifestations, expositions et concours en France et à travers l'Europe.

www.artazart.com/fr/index.htm

Ce « design bookstore » est en fait le site d'Artazart, la première librairie européenne du design, consacrée aux aficionados du design graphique.

www.designfax.free.fr

Ce site rassemble toute l'actualité économique du design. Possibilité de recevoir la lettre par fax.

Ressembler à Karim

J'ai contacté Karim Rashid pour lui poser la question suivante : comment ceux d'entre nous qui ne sont pas des designers professionnels peuvent-ils incorporer un certain sens du design dans leur vie ? J'ai reçu en réponse son « Karimanifesto », un guide de vie et de design en cinquante points. En voici quelques extraits :

1. Ne pas se spécialiser.

5. Avant de donner naissance à quoi que ce soit de concret, demandez-vous si vous avez créé une idée ou un concept original, si ce que vous voulez disséminer a une réelle valeur.

6. Apprenez tout ce qu'il faut savoir sur l'histoire de votre métier puis oubliez tout quand vous concevez quelque chose de nouveau.

7. Ne dites jamais « j'aurais pu l'inventer », parce que vous ne l'avez pas inventé.

24. Consommez des expériences, pas des choses.

33. La normalité ne vaut rien.

38. Il existe trois types de personnes – celles qui créent la culture, celles qui achètent la culture et celles qui se fichent royalement de la culture. Évoluez entre les deux premiers.

40. Pensez de manière extensive et non intensive.

43. L'expérience est la partie la plus importante de l'existence. Quant aux échanges d'idées et au contact humain, c'est l'essence même de la vie. L'espace et les objets peuvent encourager à approfondir nos expériences ou nous en distraire.

50. Ici et maintenant, c'est tout ce que nous avons.

(Citations de Karim Rashid, l'un des designers les plus touche-à-tout, prolifiques et célèbres de notre époque. *Pour plus d'informations :* www.karimrashid.com)

Participer à la « troisième révolution industrielle »

Si nous sommes tous des designers, quelle meilleure manière de se lancer que de concevoir quelque chose soi-même ? « Dans l'avenir, déclare le designer italien Gaetano Pesce, les consommateurs voudront des objets originaux. Ce que j'appelle la troisième révolution industrielle donnera aux gens la possibilité d'acquérir un modèle unique. » Vous pouvez goûter à la révolution en concevant vos baskets Nike – couleur, ligne, image qui vous convient. (*Pour plus d'informations* : nikeid. nike. com/nikeid/) Vous pouvez aussi redessiner vos Vans. (*Pour plus d'informations* : www.vans.com) Une ultime expression de son individualité consiste à créer sa police à partir de sa propre écriture. (*Pour plus d'informations* : www.fontifier.com) « La prolifération de la customisation de masse des produits de consommation, m'a expliqué le designer David Small, aura un effet puissant et stimulant sur la manière dont les gens voient le design. »

Visiter un musée du design

Les beaux-arts ont toujours trouvé refuge dans les musées. Mais les arts appliqués, c'est-à-dire le design, ont souvent été relégués dans les classeurs délabrés et les sous-sols de designers. Heureusement, les temps changent. Plusieurs métropoles se vantent aujourd'hui de posséder des musées consacrés au design architectural, industriel, graphique et intérieur. Riches en exemples et en explications, ils offrent une belle manière d'améliorer votre sens du design. Voici une sélection tout à fait arbitraire des dix meilleurs musées aux États-Unis, au Canada, au Royaume-Uni et en Allemagne.

Cooper-Hewitt, National Design Museum (New York) – L'extraordinaire collection permanente du Cooper-Hewitt est l'un des plus grands trésors du design au monde. Sont présentées de nombreuses œuvres qui vont du dessin de Michel-Ange aux salières d'Eva Zeisel. Les expositions sont toujours merveilleuses, surtout celles qui incluent des objets de la triennale du National Design qu'accueille le Cooper-Hewitt.

(*Pour plus d'informations* : www.ndm.si.edu)

Design Exchange (Toronto) – Ce musée et son centre de recherches tirent leur nom du bâtiment qui les abrite, la première Bourse de Toronto. Aujourd'hui, l'établissement a deux buts : montrer le meilleur du design canadien et initier les visiteurs à la variété du design dans le monde.

(*Pour plus d'informations* : www.dx.org)

Design Museum (Londres) – Invention personnelle de Sir Terence Conran, ce musée sur deux étages présente des expositions temporaires sur le design du XXe et du XXIe siècle. La boutique de cadeaux et les activités destinées aux enfants sont de premier ordre. Situé non loin de la Tour de Londres, il m'a par ailleurs permis de découvrir un quartier de la capitale britannique que je n'avais jamais exploré.

(*Pour plus d'informations* : www.designmuseum.org)

Eames House (Los Angeles) – Charles et Ray Eames, mari et femme, sont peut-être les concepteurs de meubles les plus célèbres du XXe siècle. La maison qu'ils ont construite comme étude de cas et dans laquelle ils ont vécu une majeure partie de leur vie est aujourd'hui une vitrine de leur travail. Elle se visite sur rendez-vous uniquement. Une fois ou deux par an, les représentants des Eames ouvrent la maison au public.

(*Pour plus d'informations* : www.eamesoffice.com)

Herbert Lubalin Study Center of Design and Typography (New York) – Visitez cet endroit calme dans East Village et jamais plus vous ne regarderez le graphisme de la même manière. Le centre, consacré à la préservation des travaux originaux du graphisme, sert surtout de lieu de recherche pour les étudiants et la faculté de Cooper Union. Même s'il arrive que des expositions soient organisées, prenez rendez-vous pour contempler les plus belles pièces.

(*Pour plus d'informations* : www.cooper.edu/art/lubalin/Welcome.html)

Museum of Modern Art, Architecture and Design Department (New York) – Le MoMa, pour les intimes, est l'un des musées d'art les plus fabuleux au monde, mais il est aussi l'un des premiers musées américains à avoir accordé une place de choix au design et à l'architecture. Sa collection permanente (des voitures de sport aux meubles, des affiches aux appareils électroménagers) est une étape incontournable dans votre apprentissage du design.

(*Pour plus d'informations* : www.moma.org/collection/depts/arch_design/index.html)

National Building Museum (Washington) – Voici l'un des plus beaux musées de Washington. Visitez-le rien que pour pénétrer dans le grand hall et admirer le plafond cinq minutes. Si vous désirez rester plus longtemps, vous trouverez de magnifiques expositions sur l'architecture et le design urbain, souvent orienté vers le citoyen. Les programmes pour enfants sont eux aussi excellents.

(*Pour plus d'informations* : www.nbm.org)

Victoria and Albert Museum (Londres) – Cet immense musée national britannique offre quelque deux cents ans d'art et de design extraordinaires – des vases égyptiens du Xe siècle aux meubles de rangement Eames. De chouettes activités pour les enfants ici aussi.

(*Pour plus d'informations* : www.vam.ac.uk)

Vitra Design Museum (Weil-am-Rhein, Allemagne) – Situé dans un bâtiment conçu par Frank Gehry, ce musée propose des expositions régulières sur le meilleur design industriel en Europe.

(*Pour plus d'informations* : www.design-museum.de)

William F. Eisner Museum of Advertising and Design (Milwaukee, Wisconsin) – Ce fascinant musée d'art contemporain fait partie du Milwaukee Institute of Art & Design. La plupart des expositions mettent en valeur le design graphique, mais vous trouverez aussi quelques exemples intéressants de design industriel.

(*Pour plus d'informations* : www.eisnermuseum.org)

En France :

Il n'existe pas de musée tout particulièrement dédié au design ou au graphisme en France, comme en Suisse (musée du Design de Lausanne) ou en Belgique (musée du Design de Gand), mais surtout des expositions temporaires axées sur l'art contemporain que l'on peut retrouver sur les sites suivants :

Voici un portail de la culture en France qui recense des milliers de manifestations et de musées à découvrir.

(*Pour plus d'informations* : www.culture.fr)

Allez jeter un petit coup d'œil au site de l'école des Beaux-Arts de Saint-Étienne, ville réputée pour sa biennale internationale du design.

(*Pour plus d'informations* : www.institutdesign.com)

Indispensable, le e-magazine sur le design « sympa, abordable et BaooOh ! »

(*Pour plus d'informations* : www.designaparis.com/index02.html)

Site de la galerie Anatome, espace d'exposition et de rencontres dédié au graphisme.

(*Pour plus d'informations* : www.galerie-anatome.com)

La fondation Cartier, qui a pour mission d'assurer la promotion et le soutien de la création contemporaine, présente, sur une musique métallique, des artistes plus hétéroclites, visionnaires et intrigants les uns que les autres.

(*Pour plus d'informations* : www.fondation.cartier.fr)

Sans oublier l'incontournable Centre Pompidou situé en plein cœur de Paris qui rassemble le summum de l'art contemporain en général et du design graphique en particulier. (*Pour plus d'informations* : www.centrepompidou.fr), et le musée des Arts décoratifs qui a réouvert ses portes dans une aile du Louvre. Le site qui lui est dédié conduit également vers de nombreux autres établissements liés au design.

(*Pour plus d'informations* : www.lesartsdecoratifs.fr)

Le poser sur la table

Cherchez un objet de votre quotidien auquel vous tenez particulièrement – un vieux T-shirt datant du lycée, un portefeuille parfaitement adapté à la forme de votre fesse, votre cuillère à soupe préférée, une nouvelle montre au look cool. Posez-le devant vous sur la table ou prenez-le dans la main. Puis réfléchissez aux questions suivantes :

1. Quand vous regardez ou utilisez cet objet, à quoi vous fait-il penser ? À des expériences passées ? À l'habileté avec laquelle vous l'utilisez ? À la personne qui l'a fabriqué ? (Sans doute allez-vous découvrir d'où vient une partie de la satisfaction que vous procure cet objet.)
2. Comment cet objet affecte-t-il vos cinq sens ? (Certains détails ou aspects de son design vont titiller vos sens.)
3. Réfléchissez à la manière dont vous avez connecté ces indices sensoriels aux pensées et aux sensations qui vous sont venues en pensant à l'objet. Voyez-vous les connexions que vous avez faites ?

Essayez cet exercice avec d'autres objets, et notamment ceux avec lesquels vous n'avez pas de relation particulière. Qu'est-ce qui est différent ? Pourquoi ces objets ne chatouillent-ils pas vos émotions ?

Développer sa capacité à sélectionner consciemment des designs reliés à nos émotions devrait nous aider à nous entourer d'objets motivants et significatifs et à nous débarrasser de toute la camelote.

(Conseils de Dan Buchner, directeur du design industriel chez Design Continuum. *Pour plus d'informations :* www.dcontinuum.com)

Se montrer difficile

Choisissez des objets qui vont perdurer dans votre vie, que vous prendrez plaisir à utiliser. Les vêtements classiques ne se démodent pas. Les meubles devraient s'embellir avec l'âge. Choisissez ces objets pour le plaisir qu'ils vous apportent et non pour épater la galerie. Et ne laissez jamais un objet devenir plus important que votre famille, vos amis et votre âme.

(Conseils de Marney Morris, fondatrice et présidente d'Animatrix et instructrice en design interactif à Stanford University. *Pour plus d'informations :* www.animatrix.com)

5

HISTOIRE

Interro écrite surprise !

Dans le chapitre 2, quand je présentais les trois forces qui nous poussaient dans l'ère conceptuelle, j'apportais des preuves pour étayer mes arguments. Voyons voir ce que vous en avez retenu à mi-parcours.

Question n° 1. Dans la section sur l'Asie, nous avons appris que de très nombreux emplois de bureau étaient en train d'être délocalisés en Inde, en Chine et aux Philippines. Selon l'étude que j'ai citée sur les salaires, quelle somme en dollars sera transférée dans ces pays à bas coût dans les dix prochaines années ?

Question n° 2. Dans la section sur l'automatisation, nous avons appris qu'un logiciel puissant reconfigurait, voire éliminait les emplois de plusieurs catégories de travailleurs du savoir en Occident. Je vous ai présenté John Henry qui avait été sacrifié sur l'autel du développement industriel. Et son équivalent pour l'ère conceptuelle : de qui s'agit-il ?

À moins que vous n'ayez une mémoire photographique ou une fascination particulière pour les transferts de salaires, vous ne connaissez pas la réponse à la première question mais vous êtes incollable sur la deuxième*. Pourquoi ? Dans la question 1, je vous ai demandé de vous rappeler des faits. Dans la question 2, je vous ai demandé de vous rappeler une histoire.

Notre difficulté à retrouver un fait isolé et notre relative aisance à nous remémorer la triste aventure de Garry Kasparov ne sont pas le signe d'une intelligence défaillante ni d'un Alzheimer naissant. Elles illustrent simplement le fonctionnement de la plupart des esprits. Il est facile de se souvenir d'une histoire, parce que les histoires correspondent un peu au *processus* du souvenir. « L'imagination narrative – l'histoire – est l'instrument fondamental de la pensée », écrit le scientifique cognitif Mark Turner dans son livre *The Literary Mind.* « Les capacités rationnelles en dépendent. C'est essentiellement par ce biais que nous pouvons regarder l'avenir, prévoir, planifier, expliquer... La plupart de nos expériences, de nos savoirs et de nos pensées sont organisés comme des histoires[1]. »

L'histoire, comme le design, se situe au cœur de l'expérience humaine. Souvenez-vous de cet homme préhistorique en pagne dont j'ai parlé au chapitre précédent – celui qui frottait un silex contre un

* Réponses : Question 1 : 136 milliards de dollars, soit 97 milliards d'euros environ. Question 2 : Le grand maître Garry Kasparov. (*N.d.A.*)

caillou et devenait designer. Quand le soir tombait, ses copains et lui rentraient chez eux et s'asseyaient sûrement autour du feu de camp pour raconter comment ils avaient échappé à un tigre à dents de sabre ou comment ils comptaient rénover la grotte familiale. Son cerveau, comme le nôtre, possédait une « grammaire narrative » interne qui l'aidait à appréhender le monde, non en tant qu'ensemble de propositions logiques, mais en tant que type d'expérience. Il s'expliquait et communiquait avec les autres grâce aux histoires.

Bien que les histoires aient compté au cours de l'humanité et qu'elles constituent le fondement de notre manière de penser, pendant l'ère de l'information, on leur a rarement accordé la place qui leur revenait. Hollywood, Bollywood et les autres centres de la culture des loisirs vénèrent les histoires. Mais le reste de la société, c'est-à-dire à peu près tout le monde, fait davantage confiance aux faits. Les histoires amusent, les faits illuminent. Les histoires divertissent, les faits révèlent. Les histoires sont des couvertures, les faits sont la réalité. Le problème de cette vision des choses est double. *Primo,* comme l'interrogation surprise l'a rapidement démontré, cela va à l'encontre de la façon dont fonctionne notre esprit. *Secundo,* dans l'ère conceptuelle, minimiser l'importance de l'histoire est dangereux tant sur le plan professionnel que personnel.

> **« Les hommes ne sont pas idéalement conçus pour comprendre la logique, ils sont idéalement conçus pour comprendre les histoires. »**
>
> — ROGER C. SHANK,
> *chercheur en science cognitive*

Trouver des faits n'a pas toujours été aisé. Jusqu'à peu, la plupart des données et informations à travers le monde étaient empilées sur des étagères poussiéreuses dans de vraies bibliothèques. Le reste se trouvait dans des collections particulières que seules des institutions richissimes pouvaient s'offrir et que seuls des experts bien élevés consultaient. Aujourd'hui, les faits ont don d'ubiquité et sont presque tous gratuits et disponibles à la vitesse de la lumière. Si vous aviez voulu trouver le montant des salaires qui seront transférés en Asie d'ici à dix ans, vous auriez probablement tapé quelques mots sur Google et regardé ce qui apparaissait à l'écran quelques secondes plus tard. Ce qui est banal aujourd'hui aurait semblé invraisemblable quinze ans plus tôt : un Zaïrois anglophone de treize ans connecté à Internet peut savoir quel temps il fait à Bruxelles, connaître le prix des actions IBM à la clôture ou le nom du deuxième ministre des Finances de Winston Churchill aussi rapidement et facilement que le bibliothécaire en chef de Cambridge University. C'est fantastique, mais cela a des conséquences énormes sur nos modes de vie et de travail. Quand ils deviennent aussi disponibles et accessibles en si peu de temps, les faits ont moins d'importance. En revanche, la capacité à les mettre *en contexte* et à leur conférer un *impact émotionnel* prend de la valeur.

Voilà l'essence des histoires – le contexte enrichi d'émotion.

Les histoires se trouvent au croisement entre high touch et high concept. Elles sont high concept parce qu'elles aiguisent notre compréhension d'une chose en la plaçant dans le contexte d'une autre. Par exemple, la parabole de John Henry nous aide à comprendre en détail ce qui s'est passé aux prémices de l'ère industrielle. Le récit sur Garry Kasparov relate la même histoire dans un nouveau contexte et véhicule une idée complexe d'une manière plus frappante et plus parlante que si je vous avais torturé avec une présentation sur l'automatisation du travail sur PowerPoint. Les histoires sont high touch parce qu'elles comportent presque toujours une dose d'émotion. John Henry meurt. Garry Kasparov est humilié. Pour paraphraser la célèbre remarque de E. M. Forster : « La reine est morte, le roi est mort », c'est un fait ; « La reine est morte, le roi est mort de chagrin », c'est une histoire.

Dans son ouvrage *Things That Make Us Smart*, Don Norman résume parfaitement l'essence high touch et high concept des histoires :

> Les histoires ont le pouvoir de capturer les éléments que les méthodes formelles de décision délaissent. La logique tente de généraliser, d'enlever à la prise de décision le contexte spécifique, de l'éloigner des émotions subjectives. Les histoires capturent aussi bien le contexte que les émotions. Les histoires sont des événements cognitifs importants, car elles renferment en un paquet compact et unique l'information, la connaissance, le contexte et l'émotion[2].

Cette capacité à renfermer, contextualiser, pourvoir en émotions, est devenue essentielle sous l'ère conceptuelle. Quand tant de taches routinières peuvent être réduites à quelques consignes mises en œuvre à l'étranger par des ordinateurs rapides et des maîtres de la pensée G, les compétences plus floues incarnées par l'histoire prennent de la valeur. En outre, l'abondance dont nous jouissons nous donne l'occasion rêvée de mener une vie pleine de sens. Et les histoires – celles qui parlent de nous et celles que nous nous racontons – sont souvent le véhicule privilégié de cette quête. Dans la suite de ce chapitre, j'examinerai comment la capacité high touch et high concept de tisser les événements entre eux afin d'obtenir un récit irrésistible est devenue une aptitude essentielle dans la vie professionnelle, la santé et la vie personnelle.

Il était une fois, dans un pays lointain, un héros qui vivait dans la prospérité, la joie et le respect de tous. Un jour, trois hommes lui rendirent visite. Ils mirent en avant ses nombreux défauts et lui annoncèrent qu'il devait partir. Le héros résista, en vain. Il fut chassé de ses terres et expédié dans un nouveau monde. Là, seul, à la dérive, il pataugea. Mais, grâce à l'aide de quelques personnes croisées durant son exil, il se métamorphosa et jura de rentrer au bercail. Et c'est ce qu'il fit, au bout d'un certain temps. Il fut accueilli à bras ouverts dans un endroit qu'il avait peine à reconnaître, mais il était enfin chez lui.

Cette histoire vous dit quelque chose ? C'est une variante de ce que Joseph Campbell appelait « le voyage du héros ». Dans son livre de 1949, *Le Héros aux mille et un visages,* Campbell soutient que tous les mythes – à travers le temps et les cultures – contiennent les mêmes ingrédients de base et suivent la même recette générale. Il n'existe pas de nouvelles histoires, prétend-il, ce sont les mêmes qu'on raconte encore et encore. L'histoire partagée par tous, le B.A.-BA des légendes depuis les débuts de l'humanité, s'intitule « le voyage du héros ». Ce voyage se déroule en trois parties : départ, initiation et retour. Le héros est appelé, commence par refuser de partir, puis il franchit le seuil d'un nouveau monde. Pendant son initiation, il est confronté à des défis insurmontables, voit le fond de l'abîme. Mais au fil de sa route – en général, il est aidé par des mentors qui lui font cadeau d'un don divin – il se transforme et ne fait plus qu'un avec son nouveau moi. Un jour, il revient chez lui, maître de deux mondes, assigné à améliorer chacun d'entre eux. Cette structure sous-tend l'*Odyssée* d'Homère, l'histoire de Bouddha, la légende du roi Arthur, l'histoire de Sacagawea, *Huckleberry Finn, La Guerre des étoiles, Matrix* et, selon Campbell, tous les autres récits épiques.

Mais il est un détail dans le voyage du héros que vous n'avez peut-être pas remarqué – et dont je n'avais pas conscience jusqu'à encore récemment. Ce voyage est l'histoire sous-jacente de ce livre. Il commence avec le travailleur du savoir, le maître de la pensée G. Il est confronté à une crise d'identité transformative – façonnée par l'abondance, l'Asie et l'automatisation – et doit répondre à l'appel – d'une nouvelle manière de travailler et de vivre. Tout d'abord, il résiste à cet appel – protestant contre les délocalisations, niant que les choses doivent changer. Et, pour finir, il franchit le seuil – qui mène à l'ère conceptuelle. Il est confronté à des défis et à des difficultés – maîtriser la pensée D. Mais il persévère, acquiert de nouvelles compétences et rentre chez lui, dès qu'il peut vivre dans les deux mondes – il a une nouvelle façon de penser.

Attention, je ne prétends pas comparer *L'Homme aux deux cerveaux* à un mythe. Loin de moi cette idée. En fait, je pense exactement le contraire. Je veux juste montrer que les histoires en général, et la structure narrative du voyage du héros en particulier, se cachent partout. Notre tendance à voir et à expliquer le monde par des récits communs est si profondément enracinée en nous que, souvent, nous ne le remarquons pas, même lorsque nous sommes l'auteur de l'histoire. Dans l'ère conceptuelle, cependant, il nous faudra ouvrir notre conscience au pouvoir de la narration.

« L'histoire – de Rumpelstilzchen à *Guerre et Paix* – est l'un des outils de base inventé par l'esprit humain dans le but de comprendre. Il a existé de grandes sociétés qui n'utilisaient pas la roue, mais aucune qui ne racontait pas d'histoires. »

— URSULA K. LE GUIN

Le business de l'histoire

Bien que Robert McKee soit l'un des personnages les plus influents d'Hollywood, vous ne verrez jamais son visage à l'écran ou son nom dans un générique de fin. Ces quinze dernières années, à la faveur de séminaires à travers les États-Unis et l'Europe, McKee a enseigné à des scénaristes en herbe comment mitonner une histoire irrésistible. Quelque 40 000 personnes ont déboursé plus de 400 dollars* pour

* Soit environ 285 euros.

suivre pendant trois jours son séminaire sur l'histoire. Et ses étudiants en sont à vingt-six oscars. Tous ceux qui rêvent d'écrire un scénario commencent par lire son livre – *Story : contenu, structure, genre, les principes de l'écriture d'un scénario.* Ces dernières années, McKee a attiré des personnes sans lien avec l'industrie du cinéma (à part qu'il leur arrive d'acheter un billet et un paquet de pop-corn au multiplexe du coin) : des cadres et des entrepreneurs issus du milieu des affaires traditionnelles.

Que recherchent-ils ?

Laissons l'irascible maître répondre : « Bien que les milieux économiques se méfient souvent des histoires… le fait est qu'on utilise les statistiques pour raconter des mensonges, de foutus mensonges. Souvent, les bilans des entreprises, c'est du pipeau dans un bel écrin. Le jour où un chef d'entreprise prendra conscience que son propre esprit est prêt à avaler n'importe quoi à partir du moment où on lui raconte une histoire qui tienne la route, et qu'il faut exploiter cette tendance au lieu de lutter contre, il fera un malheur[3]. »

Dans le monde des affaires, on commence à comprendre qu'histoire signifie « gros sous ». En effet, selon deux économistes, Deirdre McCloskey et Arjo Klamer, la force de persuasion – au travers de la publicité, du conseil ou du consulting par exemple – génère 25 % du produit national brut américain. Si l'on postule que, dans la moitié des cas, les histoires jouent un rôle essentiel dans le succès de ces efforts persuasifs, alors les histoires pèsent environ un trillion de dollars dans l'économie américaine[4]. Certaines entreprises surfent donc sur la thèse défendue par McKee et les autres – souvent de manière invraisemblable.

L'exemple le plus frappant est incarné par ce mouvement naissant appelé « conte organisationnel » qui a pour but d'amener les entreprises à prendre conscience de la mine d'histoires sur laquelle elles sont assises et qu'elles peuvent utiliser ensuite à leur profit. L'un des fondateurs du mouvement se nomme Steve Denning, un Australien qui a d'abord été avocat à Sydney avant de travailler à la Banque mondiale. « J'étais l'incarnation même de la pensée G, déclare-t-il. Les grosses boîtes adorent ce genre de type. »

Puis un jour, lors d'un remaniement à la Banque mondiale, il a été viré de son poste – qu'il adorait – et expédié au placard, dans le département dit de « gestion des connaissances », qui dans le jargon corporatif désigne la manière dont une entreprise organise ses vastes réserves d'information et d'expérience. Denning en est devenu chef. Et, bien qu'à contrecœur au départ, il s'est transformé. (On dirait le voyage d'un héros, n'est-ce pas ?) Tandis qu'il cherchait à comprendre ce que savait la Banque mondiale – pour améliorer le management –, Denning a découvert qu'il en apprenait plus au travers des histoires échangées à la cafétéria qu'en lisant des documents et rapports officiels de la banque. Le savoir d'un organisme, s'est-il aperçu, se trouve dans ses histoires. Ce qui signifait que s'il voulait devenir le grand manitou du savoir de la banque, il devait dépasser l'approche cadre-avocat de type pensée G, celle qu'il avait apprise durant les vingt-cinq premières années de sa carrière. Et c'est ainsi que la Banque mondiale est devenue leader dans le domaine du management, car elle a été pionnière dans l'utilisation des histoires comme moyen de conserver et de transmettre le savoir de l'entreprise. « Une histoire ne remplace pas la pensée analytique, dit Steve Denning, mais la complète, car le récit nous permet d'imaginer de nouvelles perspectives, de nouveaux mondes... Une analyse abstraite est plus facile à comprendre quand on la voit par la lorgnette d'une histoire bien choisie[5]. » Aujourd'hui, Denning colporte son message et raconte son histoire dans les organismes du monde entier.

« Le mythe est l'ouverture secrète par laquelle les énergies inépuisables du cosmos se déversent dans les entreprises créatrices de l'homme. »

— JOSEPH CAMPBELL

Denning n'est pas le seul à être fasciné par le potentiel commercial des histoires. 3M donne à ses cadres supérieurs des leçons de narration. La Nasa a commencé à appliquer la narration d'histoires à la gestion des connaissances. Xerox, après avoir pris conscience que son personnel de maintenance avait appris à réparer les machines en échangeant des histoires plutôt qu'en lisant des manuels, a réuni ces anecdotes dans une base de données appelée Eureka. Celle-ci est estimée à 100 millions de dollars par le magazine *Fortune*. Par ailleurs, plusieurs sociétés se sont fait une spécialité d'aider les entreprises existantes à collecter leurs histoires internes. C'est par exemple le cas de StoryQuest, firme basée dans la banlieue de Chicago. Elle envoie ses enquêteurs dans l'entreprise qui en fait la demande, enregistre les anecdotes que lui racontent les employés qui lui servent à produire un CD destiné à fournir un aperçu plus large de la culture et de la mission de l'entreprise. Au Royaume-Uni, Richard Olivier, fils de Laurence Olivier et de Joan Plowright, ancien directeur de théâtre, donne aujourd'hui des conseils à de grandes entreprises sur la manière d'intégrer le récit dans leurs opérations. Olivier nomme sa technique « mythodrame ». Ses clients lisent et jouent des pièces de Shakespeare pour en tirer des leçons de leadership et de culture d'entreprise. « Les capacités logiques et analytiques seules ne garantissent plus le succès[6] », soutient Olivier. Pour réussir, les entreprises doivent être capables de combiner la science des chiffres avec l'art de l'histoire.

Il est facile de se moquer d'un directeur des achats qui se prend pour Titus Andronicus. Mais le fait que de grands organismes plutôt lents et résistants au changement aient commencé à s'intéresser aux récits et à la narration – mots qui auraient fait de quelqu'un la risée d'une bande de cadres il y a dix ans – est révélateur. Et cela confirme l'hypothèse que j'ai émise plus haut, à savoir que cette capacité est innée chez l'homme. Comme le remarque Alan Kay, cadre chez Hewlett-Packard et cofondateur de Xerox PARC : « Si vous observez attentivement un conseil d'administration, vous y verrez une assemblée d'hommes des cavernes munis d'attachés-cases, impatients qu'un sage leur raconte des histoires. »

Les histoires, comme le design, sont aussi aujourd'hui une façon de mettre en avant des biens et des services sur un marché encombré. La meilleure façon d'expliquer ce phénomène est de vous raconter deux histoires. Elles concernent ma vie de consommateur.

Le premier exemple d'« histoire comme élément différenciateur » est arrivé par la poste. J'habite dans le nord-ouest du comté de Washington, un quartier qui traverse un lent mouvement générationnel. Les personnes installées là depuis des décennies et qui ont élevé leurs gamins dans des maisons proprettes en brique datant du XVIIIe siècle prennent petit à petit leur retraite. Parallèlement, de jeunes couples avec enfants emménagent dans le quartier parce qu'il offre les avantages d'une banlieue sans en être une. Du coup, les prix ont grimpé. Depuis peu, afin d'encourager d'autres retraités à plier bagage, des agents immobiliers se sont mis à bombarder les habitants du quartier de cartes vantant les mérites de la dernière transaction réalisée par leur agence. Mais, un jour, nous avons reçu une carte différente. Mon premier réflexe a été de la jeter. D'un côté, elle comportait la traditionnelle photo d'une maison des environs qu'avait vendue l'agence. Mais de l'autre, au lieu du prix de vente en corps 72 suivi d'une rangée de points d'exclamation, on pouvait lire le texte suivant :

Florence Skretowicz et son mari ont acheté cette charmante demeure en 1955. Ils l'ont payée 20 000 dollars cash. Ils adoraient tous ses petits*

* Environ 14 000 euros.

détails, ses solides parquets en chêne, ses grandes fenêtres à petits carreaux, ses boiseries…, son linteau de cheminée à l'ancienne et la mare au fond du jardin. À quatre-vingt-onze ans, Florence vit désormais dans une maison de retraite située à Friendship Heights, et les sœurs Fernandez, voisins et vieux amis de la famille, m'ont demandé de vendre ce bijou. Ce fut un grand honneur pour nous. Florence nous a autorisés à vider la maison, à repeindre l'intérieur et l'extérieur, à refaire les sols et à rénover les fenêtres. Aujourd'hui, je vous demande de réserver le meilleur accueil à Scott Dresser et Christie Constantine, les nouveaux propriétaires de cette maison qu'ils adorent tout autant que Florence et qui ont l'intention d'y vivre pour toujours et à jamais.

La carte ne mentionnait pas le prix de la maison. Ce qui ressemblait à un oubli au départ était en fait une habile ficelle de marketing de l'ère conceptuelle. Le prix sera facile à trouver… dans le journal, sur Internet, en discutant avec les voisins. En outre, les maisons se ressemblent toutes et leur prix de vente ne varie quasiment jamais. En dépit des efforts soutenus des agents immobiliers, je doute qu'une carte postale célébrant un prix élevé suffise à persuader un vendeur de signer avec un agent plutôt qu'un autre. Quand vous vendez une maison dans laquelle vous avez vécu un demi-siècle, ce n'est pas seulement pour une question d'argent. C'est une décision affective. La meilleure manière d'établir ce contact high touch – et de se distinguer de ses multiples concurrents – n'est-elle pas de raconter une histoire ?

Voici un autre exemple du rôle de la narration dans notre ère d'abondance. Je me trouvais au supermarché un après-midi, car je devais préparer le repas du soir. J'ai décidé qu'il me fallait quelques bouteilles de vin. Bien que modeste – une cinquantaine de références en tout –, la sélection était bonne. Rapidement, mon choix s'est porté sur trois rouges d'un prix moyen qui semblaient de qualité égale. Laquelle prendre ? J'ai examiné les bouteilles. Sur deux des trois étiquettes s'accumulaient des adjectifs fantaisistes. La troisième – *2 Brothers Big Tattoo Red* –, elle, me racontait une histoire.

> *L'idée de ce vin vient de deux frères, Erik et Alex Bartholomaus. Ils voulaient vendre un bon vin qu'Alex aurait déniché et dont Erik aurait conçu l'étiquette sans se prendre au sérieux, pour la bonne cause. Ils souhaitaient rendre hommage à leur mère disparue trop tôt, emportée par un cancer... Pour chaque bouteille de* Big Tattoo Red *vendue, Alex et Erik donneront 50 cents* au nom de Liliana S. Bartholomaus à l'hospice de Virginie du Nord et/ou à divers fonds de recherche contre le cancer. Grâce à votre soutien, nous avons déjà obtenu environ 75 000 dollars** après la vente de notre première récolte et nous espérons augmenter cette somme dans l'avenir. Au nom de leur mère Alex et Erik vous remercient d'avoir acheté cette bouteille de* Big Tattoo Red.

Devinez quelle bouteille j'ai choisie ?

L'histoire de la guérison

La médecine moderne est formidable. Des machines puissantes, comme cet IRM qui a pris des clichés de mon cerveau, nous donnent un aperçu du fonctionnement interne de notre corps. De nouveaux médicaments et appareils sauvent de nombreuses vies et en améliorent tant d'autres. Pourtant, ces avancées spectaculaires se font souvent aux dépens d'orientations médicales plus ordinaires, mais qui n'en demeurent pas moins importantes. Le système médical est capable d'« ignorer complètement l'histoire d'une personne, affirme le Dr Jack Coulehan du Stony Brook University Hospital de New York. Malheureusement, la médecine considère l'anecdote comme la forme

* Environ 35 centimes d'euro.
** Environ 53 000 euros.

de science la plus accessoire[7]. » Vous en avez probablement déjà fait l'expérience. Vous patientez dans la salle d'attente de votre médecin. C'est à votre tour ! Voici ce qu'il va très certainement se passer : vous commencez par raconter une histoire et le médecin vous interrompt. Il y a vingt ans, quand des chercheurs filmaient une consultation, ils notaient que les médecins interrompaient leurs patients au bout de vingt et une secondes en moyenne. Reconduite récemment, la même étude a constaté que les médecins s'étaient améliorés : ils attendaient en moyenne vingt-trois secondes avant de couper la parole à leur patient.

« Les histoires – voilà comment les gens donnent du sens à ce qui leur arrive quand ils tombent malades. Ils racontent leur histoire. De notre capacité à percevoir avec précision cette histoire dépend notre capacité de médecin à traiter et à soigner nos patients. Si vous en êtes incapable, c'est comme si vous travailliez avec une main attachée dans le dos. »

— DR HOWARD BRODY, *médecin de famille*

Il se pourrait que cette approche uniquement factuelle du patient change, grâce en grande partie au travail du Dr. Rita Charon. Ce professeur de Columbia University Medical School essaie de placer l'histoire au cœur du diagnostic et de la guérison. Quand elle était jeune interne effectuant ses tours de garde à l'hôpital, le Dr. Charon a fait une découverte surprenante : son rôle de médecin tournait en majorité autour d'histoires. Ses patients lui expliquaient leurs maux sous forme de récits. Les médecins répétaient des histoires de leur cru. La maladie elle-même se dévoilait selon une structure narrative. Le récit était partout. Partout, sauf dans le cursus scolaire médical ou dans la conscience des étudiants et des professeurs. Rita Charon a donc complété son diplôme de médecine par un doctorat de lettres et s'est lancée dans un projet de refonte de l'enseignement médical. En 2001, elle a lancé un mouvement de médecine narrative dans un article du *Journal of American Medical Association* qui réclamait une approche des soins médicaux faisant appel aux deux hémisphères du cerveau.

Un médicament efficace d'un point de vue scientifique seul ne peut pas aider un patient à accepter la maladie ou à trouver un sens à sa souffrance. En plus de leurs compétences scientifiques, les médecins doivent savoir écouter les récits de leurs patients, saisir et honorer le sens de leur histoire et être émus afin d'agir au nom des patients[8].

Aujourd'hui, à Columbia, tous les étudiants en médecine de deuxième année assistent à un séminaire de médecine narrative en sus de leurs cours purement scientifiques. Ils apprennent à écouter avec plus d'empathie et à « lire » avec une plus grande acuité les histoires que leur racontent leurs patients. Au lieu de poser une liste de questions diagnostiques à la manière d'un ordinateur, ces jeunes médecins élargissent leurs demandes. « Dites-moi où vous avez mal » devient : « Parlez-moi de votre vie. » Le but est l'empathie, faculté qui, selon les études, est en déclin chez les étudiants au fur et à mesure qu'ils avancent dans leur cursus. Le résultat est à la fois high concept et high touch : cela permet au jeune médecin de se rapprocher de ses patients et d'évaluer leur état de santé dans le contexte de leur histoire personnelle. Être un bon médecin, selon Rita Charon, nécessite des compétences narratives – « les compétences que les hommes mettent en œuvre pour absorber, interpréter et répondre aux histoires[9] ».

La médecine narrative fait partie d'une tendance plus large qui vise à incorporer une approche axée sur la pensée D à ce qui a depuis longtemps été un bastion des gros bras de la pensée G. Il y a quinze ans environ, une école de médecine américaine sur trois proposait des cours de lettres et littérature. Aujourd'hui, on en compte trois sur quatre[10]. Bellevue, le légendaire hôpital public de New York, publie son propre journal *The Bellevue Literary Review.* (Les journaux littéraires ont aussi fait leur apparition dans les écoles de médecine de Columbia, Penn State University et à l'université du Nouveau-Mexique.) La rédactrice en chef du journal de Bellevue, le Dr Danielle Ofri, qui enseigne aux étudiants en médecine, demande à ses jeunes recrues d'écrire au moins un récit de patient, c'est-à-dire de raconter l'histoire d'un patient à la première personne. « Ce n'est pas différent du travail d'un romancier, soutient Ofri. Je pense qu'en prenant des gens foncièrement empathiques et bien intentionnés, nous pouvons leur apprendre à mieux communiquer avec leurs patients[11]. »

« Si les histoires viennent à vous, prenez-en soin. Et apprenez à les rendre quand il le faut. Parfois, pour rester en vie, une personne a davantage besoin d'entendre une histoire que d'ingurgiter de la nourriture. »

— BARRY LOPEZ, *auteur de « Rêves arctiques : imagination et désir dans un paysage nordique »**

Bien entendu, le talent narratif ne remplace pas la compétence technique. Un docteur qui écoute l'histoire de son patient avec empathie mais oublie de lui prendre la tension ou lui prescrit le mauvais traitement ne fera pas long feu dans la profession. Cependant l'approche du Dr. Charon peut aider les jeunes médecins à mettre un peu plus d'empathie dans leur travail. (Je développerai longuement le sujet au chapitre 7.) Par exemple, les étudiants du cours de médecine narrative de Columbia établissent systématiquement deux graphiques pour chacun de leurs patients. Dans le premier, ils entrent les informations quantitatives et le jargon médical que l'on trouve dans n'importe quel graphique hospitalier. Dans le second, appelé « graphique parallèle », les étudiants notent le récit de leurs patients et relatent leurs propres émotions. Selon la première étude destinée à tester l'efficacité de la méthode, les étudiants qui rédigeaient un graphique parallèle avaient de meilleures relations avec leurs patients (ainsi que des qualités pour mener des entretiens plus développées associées à de plus grandes compétences techniques) que leurs condisciples qui s'en passaient[12]. Les histoires seules ne guériront pas les maladies, mais combinées à la technologie

* Barry Lopez, [*Arctic Dreams*], trad. Dominique Dill, Paris, Albin Michel, 1986.

moderne, elles ont un pouvoir curatif indéniable. Ici se trouve peut-être l'avenir de la médecine, avec des médecins capables à la fois de penser de manière rigoureuse et de ressentir de l'empathie, des médecins sachant à la fois lire une analyse et apprécier une histoire, des médecins dotés d'une nouvelle façon de penser.

Nous sommes nos histoires : nous condensons nos années d'expérience, de pensées et d'émotions dans une poignée de récits compacts que nous transmettons aux autres et que nous nous racontons. C'est vrai depuis toujours. Cependant, le récit personnel a gagné de l'importance (tout en étant peut-être aussi plus nécessaire) dans cette ère d'abondance, où une majorité d'entre nous est plus libre de rechercher une meilleure compréhension de sa personne et du but qu'il poursuit dans la vie.

Plus qu'un moyen de vendre une maison ou d'accroître la compassion d'un médecin, le récit représente un chemin vers la compréhension qui ne passe pas par l'hémisphère gauche du cerveau. Ce besoin de connaissance de soi à travers les histoires se perçoit de diverses manières – comme par exemple dans la mode étonnamment populaire du *scrapbooking*, où les gens réunissent les objets marquants de leur vie et en font un récit qui raconte le monde (et eux peut-être), qui ils sont, ce qu'ils font, mais aussi dans le succès croissant de la généalogie, quand des millions de personnes fouillent l'Internet et les archives afin d'assembler le puzzle de leur histoire familiale.

Ces efforts révèlent une grande faim pour ce que les histoires apportent : du contexte enrichi par des émotions, une meilleure compréhension de sa place dans le monde et de l'importance que cela a. L'ère conceptuelle nous rappelle ce qui a toujours été vrai, mais qui a rarement été suivi d'actes : que nous devons écouter les histoires d'autrui et que nous sommes tous les auteurs de notre vie.

PORTFOLIO

II

Design

Histoire

Symphonie

Empathie

Jeu

Sens

Rédiger une minisaga

Écrire est en soi une tâche difficile. Écrire une nouvelle l'est encore plus. Écrire un roman, une pièce de théâtre ou un scénario peut prendre des années. Alors allez-y doucement pour rédiger votre minisaga. Les minisagas sont des nouvelles condensées, d'une cinquantaine de mots seulement… pas plus, pas moins. Et pourtant, comme toutes les histoires, elles ont un début, un milieu et une fin. Le journal *Telegraph* de Londres a longtemps sponsorisé un concours annuel de minisagas, et les résultats montrent l'immense créativité dont peut faire preuve une personne en cinquante petits mots. Essayez d'écrire votre minisaga. Vous deviendrez accro. Voici deux exemples qui vous convaincront :

Une vie

Par Jane Rosenberg, Brighton, Royaume-Uni

Joey, le troisième de cinq enfants, quitte ses parents à seize ans, parcourt le pays et fonde une famille à Nottingham. Sa femme et lui font les trois-huit, les petits grandissent mais ils ne joignent jamais les deux bouts. Parfois, Joey donnerait tout pour s'en aller, mais sa femme est malade et n'a plus qu'un an à vivre.

Un rêve si réel

Par Patrick Forsyth, Makdon, Royaume-Uni

Alors qu'il passait la nuit chez des amis, un rêve étrange perturba son sommeil : un voleur vidait l'appartement et remplaçait les objets par leur réplique exacte.

« C'était si réel ! » déclara-t-il à ses amis le lendemain.

Horrifiés, incrédules, ses amis répliquèrent :

« Mais qui êtes-vous ? »

S'inscrire à StoryCorps

Au milieu de la gare de Grand Central Terminal à New York trône une étrange cabane carrée du nom de *StoryBooth*. Si vous passez par New York, allez y faire un tour. Pour dix dollars, n'importe qui peut louer la cabine une heure et enregistrer une interview de très bonne qualité avec une personne (son arrière-grand-mère de quatre-vingt-dix ans, oncle Fred le loufoque, le mystérieux inconnu qui vit au bout de la rue) dont il souhaite entendre et conserver l'histoire qui le passionne. Cette initiative est due à StoryCorps, un projet national destiné « à inspirer les Américains et à les pousser à enregistrer leurs histoires respectives ». Cet idée de David Isay, titulaire d'une bourse de la Fondation MacArthur*, est une adaptation du projet d'histoire orale du Works Progress Administration des années 1930. Toutes les histoires soumises finissent dans les archives de StoryCorps au American Folklife Center de la bibliothèque du Congrès, où elles seront disponibles jusqu'à la fin des temps. Mais vous n'êtes pas obligés de vous rendre à

* La Fondation MacArthur délivre des bourses destinée à financer des projets créatifs dans les domaines les plus variés. Chaque année entre vingt et quarante citoyens américains reçoivent ainsi l'équivalent de 365 000 euros chacun, répartis sur cinq ans.

Grand Central ou même à New York pour participer. Le site web de StoryCorps propose, en anglais et en espagnol, des StoryKits pour vous aider. (*Pour plus d'informations* : www.storycorps.net)

Brandir son magnétophone

Si ce que propose StoryCorps est trop compliqué à votre goût, essayez une version plus modeste de votre cru. Prenez un ami ou un proche, demandez-lui de s'asseoir, branchez votre magnéto et posez-lui des questions sur sa vie : *Comment as-tu rencontré ta femme ? Quel a été ton premier emploi ? La première fois que tu as passé la nuit loin de chez toi ? Le pire prof que tu aies jamais eu ? Le plus beau jour de ta vie ? Le jour le plus triste ? le plus terrifiant ? La meilleure décision que tu aies jamais prise ?* Vous serez étonné par les histoires qui vous seront racontées et vous serez enchanté de les avoir enregistrées pour la postérité.

Se rendre à un festival de contes

Les multiples festivals de contes proposés un peu partout sont une superbe manière de goûter à l'incroyable diversité des histoires et des conteurs du monde. Lors de ces rassemblements organisés sur deux ou trois jours, des centaines de personnes – professionnels ou non – montent sur scène pour raconter des histoires. Certains conteurs ont parfois un accent à couper au couteau, mais vous tomberez aussi sur des récits étonnants et des narrateurs fascinants. Le meilleur moyen de trouver le festival le plus proche de chez vous est de taper :

www.conteur.com – l'actualité du conte et des conteurs
www.asso-fiap.org – forum international des arts de la parole

Voici une petite sélection parmi les innombrables festivals qui ont lieu en France (Festival du conte interculturel Bordeaux Saint-Michel, Grenoble, Territoire de Belfort, Limoux, vallée de la Seine, château d'Oléron, etc.) :

Festival mythos des arts de la parole – « porte-voix d'une parole libre qui interroge, transporte et rassemble »
Où ? Rennes
Quand ? avril

Festival Grande Marée
Où ? Brest et sa région
Quand ? novembre

Festival interculturel du conte de Vassivière en Limousin – CD collector des disants disponibles sur le site paroles.conteurs.free.fr
Où ? Royère de Vassivière en Creuse
Quand ? août

Tester le conte multimédia

L'histoire est un art ancien, mais, comme tous les arts, il peut être mis en valeur par des outils modernes. Des caméras numériques, des programmes peu onéreux de montage de films, Photoshop et des graveurs de CD permettent à toute personne portant une histoire dans son cœur de la raconter en images et en son.

Les poètes et les troubadours ont élu domicile sur Internet. Prenez le temps de savourer quelques instants de légèreté dans ce monde de brutes.

Pierre Bertrand, conteur en ligne. Possibilité d'écouter sa voix. (*Pour plus d'informations* : www.mondoral.org/pierrebertrand)

Jean-Marc Derouen conte la Bretagne.

(*Pour plus d'informations* : www.jeanmarcderouen.com)

François Barré, colporteur d'histoires.

(*Pour plus d'informations* : www.conteur.fr)

Vincent Gougeat, conteur tout-terrain. Diseur et comédien de nos contrées picardes, s'adresse aux enfants à partir de seize mois !

(*Pour plus d'informations* : www.conteurtoutterrain.com)

Lire les livres suivants

La meilleure méthode pour améliorer votre capacité à écrire une histoire est de lire les grands récits, en particulier les mythes archétypaux comme les fables d'Ésope, les mythes grecs, nordiques, amérindiens, sud-asiatiques et japonais, la Bible, les pièces de Shakespeare… Mais si vous cherchez une vision plus large de l'histoire, les trois livres suivants sont des musts.

- **Ouvrages sur le récit narratif**

Le Guide du scénariste de Christopher Vogler, Paris, Dixit Éditions, 2002. Guide concret qui permet d'apprendre à mieux structurer ses intrigues et à créer des personnages authentiques. Inspiré de Joseph Campbell, cette boîte à outils permet de bâtir n'importe quelle sorte d'histoire, comique ou dramatique.

Story : contenu, structure, genre, les principes de l'écriture d'un scénario [*Story: Substance, Structure, Styles and the Principles of Screenwriting*], de Robert McKee, trad. Brigitte Gauthier, Paris, Dixit Éditions, 2001. Même si vous n'avez pas l'intention d'écrire le scénario du siècle, l'ouvrage de

McKee vaut la peine d'être lu. Il explique la structure de base d'une histoire filmique – de la manière dont les personnages conduisent le récit aux vingt-six différents genres narratifs. Au final, ce livre changera la façon dont vous regardez un film.

L'Art invisible : comprendre la bande dessinée [*Understanding Comics: The Invisible Art*], de Scott McCloud, trad. Dominique Petitfaux, Vertige Graphic, 1989. Les gens me rient au nez quand je dis que c'est l'un des meilleurs livres que j'aie jamais lus, parce qu'ils ne comprennent pas. Ce chef-d'œuvre (j'insiste) explique le fonctionnement d'une bande dessinée – comment une histoire se déroule, comment images et mots ne font qu'un, comment les lecteurs déterminent en grande partie le sens. Et attention les yeux : McCloud l'a rédigé sous la forme d'une bande dessinée de l'épaisseur d'un livre. Étonnant.

Le Héros aux mille et un visages [The Hero With a Thousand Faces], de Joseph Campbell, trad. Henri Crès, Paris, Robert Laffont, 1977. Cet ouvrage de Campbell introduit l'idée du « voyage du héros » à laquelle tout écrivain en herbe (sans parler de tout homme désireux de se mettre à la page) devrait être sensible. Ça n'a pas pris une ride ! Si les théories de Campbell vous intéressent, ses célèbres interviews données à la fin des années 1980 à Bill Moyers sont disponibles (en anglais) sur CD, DVD et en vidéo. Vous trouverez également un recueil des conférences et des écrits de Campbell à la fondation établie à son nom.

(*Pour plus d'informations* : www.jcf.org/works.php)

6

SYMPHONIE

C'est moi.

D'accord, ce n'est pas vraiment moi. C'est un dessin de moi où je suis à la fois le sujet et l'artiste. Un autoportrait. Assez moche au demeurant, non ? (Vous avez vu ces narines ?... Sans commentaire.)

Je n'ai jamais été doué en dessin, mais, l'autre jour, j'ai décidé de m'y mettre. Au lieu de m'inscrire dans un atelier traditionnel, j'ai opté pour une démarche plus proche de l'esprit de ce livre : dessiner grâce au cerveau droit, méthode lancée par Betty Edwards et décrite dans son ouvrage au titre éponyme. L'autoportrait ci-dessus ressemble à l'une de ces images que l'on voit dans les publicités pour les produits amincissants (c'est l'« avant » de l'avant-après). Je l'ai dessiné avant le début du cours, lors de ma première séance. Quatre jours plus tard, comme vous le verrez plus loin dans ce chapitre, ma production artistique était quelque peu différente. Et, entre-temps, j'avais beaucoup appris.

La symphonie, ai-je appelé cette nouvelle compétence high concept, est la capacité à rassembler les morceaux, à synthétiser plutôt qu'à analyser, à voir les liens entre des catégories apparemment sans rapport entre elles, à détecter de vastes schémas plutôt qu'à fournir des réponses spécifiques, à inventer quelque chose de nouveau en combinant des éléments que personne n'avait pensé à assembler auparavant. La symphonie est aussi un attribut de l'hémisphère droit du cerveau aussi bien dans le sens littéral que métaphorique du terme. Comme je l'ai expliqué plus haut, les recherches neuroscientifiques effectuées grâce aux IRM fonctionnels ont montré que l'hémisphère droit opérait de manière simultanée, contextuelle et symphonique. Il ne s'intéresse pas à un seul épicéa mais à toute la forêt, il ne s'intéresse pas au bassoniste ou au premier violon mais à l'orchestre dans son entier.

La pensée symphonique est la signature des compositeurs et des chefs d'orchestre dont le travail implique la réunion de divers groupes de notes, d'instruments et d'artistes afin de produire un son unifié et plaisant. Les entrepreneurs et les inventeurs se reposent depuis longtemps sur cette compétence. Mais, aujourd'hui, elle est devenue essentielle pour un nombre croissant de personnes. Les raisons de ce mouvement prennent naissance dans les trois forces qui nous ont propulsés hors de l'ère de l'information. Reprenons : l'automatisation a supprimé de nombreuses tâches analytiques routinières traditionnelles ;

une grande partie de ces tâches sont parties en Asie où on les accomplit tout aussi bien pour beaucoup moins cher ; cela a libéré de nombreux travailleurs. Dans certains cas, cela oblige ces derniers à faire ce que les ordinateurs et les exécutants des pays à bas salaires peinent à reproduire : reconnaître les schémas, traverser les frontières pour mettre au jour des connexions cachées et forcer leur imagination à faire des bonds audacieux. En même temps, il y a, dans nos vies privées, une foultitude d'informations, de choix individuels et d'objets banals sur lesquels cette compétence trouve aussi à s'exercer. La surabondance d'options et de stimuli de la vie moderne peut être si écrasante que ceux qui sont capables d'avoir une vision globale des choses et de trier ce qui importe vraiment ont un avantage décisif dans leur poursuite du bien-être personnel.

L'un des meilleurs moyens de comprendre et de développer cette capacité symphonique est d'apprendre à dessiner, talent qui chez moi, comme le démontre cet autoportrait, était vraiment caché.

Le matin de ce premier cours, avant que nous n'ouvrions nos carnets à dessin ou taillions nos crayons, on nous enseigne l'essence de notre art. Elle tient en une seule phrase qui sera répétée à l'envi pendant cinq jours : « Dessiner, affirme Brian Bomeisler, est surtout une question de liens. »

Bomeisler est mon professeur. Il nous montrera, à moi et à six autres étudiants – un groupe hétérogène comprenant un avocat des îles Canaries et un pharmacien de Nouvelle-Zélande –, les techniques développées par Betty Edwards. Bomeisler a une excellente carte de visite. C'est un peintre new-yorkais reconnu. Ses travaux passés et en cours ornent les murs du loft situé au cinquième étage d'un immeuble de SoHo qui nous servira de salle de classe ces cinq prochains jours. Cela fait vingt ans qu'il donne ces cours. J'oubliais, c'est aussi le fils de Betty Edwards.

Comme sa mère, avec qui il a développé cet atelier de cinq jours, Bomeisler croit que le dessin est une question de vision. « Dès qu'on nomme les choses, on court des ennuis », déclare-t-il. Et, afin de prouver ce qu'il avance, et de jauger nos capacités, il nous donne une heure pour dessiner notre autoportrait. Nous sortons nos petits miroirs, ouvrons nos carnets à croquis surdimensionnés et nous mettons à l'ouvrage. Je finis avant les autres – et Bomeisler me compare tout de suite à un bibendum de cent quatre-vingts kilos se rendant pour la première fois à une séance chez Weight Watchers : la route sera longue, mais comme ce ne peut pas être pire, la situation ne peut que s'arranger.

Mon problème, me dit Bomeisler tout en louchant sur mon œuvre, est que je ne dessine pas ce que je vois. Je dessine « des symboles, des souvenirs de mon enfance ». Pour comprendre où il veut en venir, regardez à nouveau mon autoportrait. Allez, courage, ce n'est qu'un mauvais moment à passer. Mes lèvres ne ressemblent pas du tout à ça. Les lèvres de personne d'ailleurs. J'ai dessiné un symbole et non des lèvres – et pour tout dire, un symbole qui vient de l'enfance. Ces lèvres crayonnées ressemblent beaucoup au panneau publicitaire Magikist qui me souriait à l'entrée de Chicago quand mes parents me conduisaient en vacances chez mes grands-parents. Dans un sens, j'ai

simplement écrit « lèvres » en hiéroglyphes modernes au lieu de voir mes lèvres avec mes yeux et de prendre conscience qu'elles forment un ensemble avec le reste de mon visage.

Plus tard dans la journée, Bomeisler nous a montré un dessin au trait de Picasso pour que nous le reproduisions. Mais avant de commencer, il nous a demandé de tourner le croquis la tête en bas – « afin que vous ignoriez complètement ce que vous dessinez ». Le but était de tendre un piège à l'hémisphère gauche et de déblayer le chemin au droit. Quand le cerveau gauche ignore ce que fait le droit, l'esprit est libre de voir les liens qui existent entre les choses et de les intégrer dans un tout. C'est en quelque sorte le noyau de l'apprentissage du dessin et la clef de la maîtrise de cette aptitude à la symphonie. Par exemple, une des raisons pour lesquelles mon autoportrait a l'air si étrange est que les liens sont faussés. En classe, notre groupe de sept étudiants apprend (et, ce qui est plus important, voit) que, sur un visage humain, la distance entre la ligne centrale des yeux et l'extrémité du menton est égale à la distance entre la ligne centrale des yeux et le sommet du crâne. J'ai donc dessiné mes yeux plus hauts qu'ils ne le sont en réalité. Et, en bousillant ce lien, j'ai faussé tout le tableau.

Bomeisler est un professeur à la fois doux et attentif. Durant chaque exercice, il circule dans la pièce en distribuant des encouragements. « Je suis là pour faire taire votre hémisphère gauche », murmure-t-il. Un jour, il nous parle d'espace négatif, la zone qui se trouve au cœur et autour d'une image. Puis il nous montre le logo FedEx.

Regardez cet espace blanc entre le « E » et le « x » dans « Ex ». Vous voyez la flèche ? C'est de l'espace négatif. Quand nous dessinerons le portrait de nos camarades plus tard dans la semaine, nous commencerons par ombrer légèrement notre grande feuille de papier puis nous *gommerons* ce qui ne concerne *pas* la tête du sujet afin d'en révéler le contour. « L'espace négatif est un outil de dessin puissant, conclut Bomeisler. C'est l'un des secrets de l'apprentissage du dessin. »

Les quatre jours suivants, nous apprenons à voir ces différents liens – entre l'espace et l'espace négatif, entre la lumière et l'ombre, entre les angles et les proportions – comme aucun de nous ne les avait remarqués jusque-là. Nous dessinons des tabourets juchés sur des tables, les rides de nos mains, les ombres qui caressent les coins du studio de Bomeisler. Encore et encore, Bomeisler répète son mantra : « Dessiner est surtout une question de liens », liens qui une fois combinés créent un tout. Et créent aussi, dans un certain sens, ce cours. Tous les exercices nous conduisent finalement à ce dernier après-midi, où nous devons digérer notre savoir nouvellement acquis afin d'effectuer notre deuxième tentative d'autoportrait.

Voir les liens

Comme le dessin, la symphonie est largement une question de liens. Pour s'épanouir durant l'ère conceptuelle, il faudra comprendre les connexions existant entre diverses disciplines apparemment distinctes. Il faudra savoir comment relier des éléments apparemment sans rapport entre eux afin de créer du nouveau. Et il faudra enfin devenir adeptes de l'analogie – voir une chose en d'autres termes. Trois profils de personnes seront plus particulièrement à leur affaire : le passeur de frontières, l'inventeur et le créateur de métaphores.

LE PASSEUR DE FRONTIÈRES

Quel est le préfixe aujourd'hui le plus répandu et peut-être le plus important ? Multi. Nos métiers nécessitent d'être multitâches. Nos sociétés sont multiculturelles. Nos loisirs sont les multimédias. Alors qu'autrefois la connaissance approfondie d'un domaine unique garantissait le succès, aujourd'hui les récompenses suprêmes vont à ceux qui opèrent avec un réel aplomb dans des royaumes absolument différents. J'appelle ces gens des « passeurs de frontières ». Ils deviennent des experts dans de nombreux domaines, ils parlent plusieurs langues et se réjouissent de la diversité de l'expérience humaine. Ils disposent de multivies, parce que c'est plus intéressant et, de nos jours, plus efficace. Les passeurs de frontières s'appellent Andy Tuck, qui applique ses talents de professeur de philosophie et de pianiste à faire tourner son cabinet de conseil ; Gloria White-Hammond, pasteur et pédiatre à Boston ; Todd Maxhover, compositeur d'opéras et fabricant de systèmes hi-fi high-tech ; Jhane Barnes, dont les compétences en mathématiques expliquent les motifs complexes de sa ligne de vêtements[1].

« Je fais de la reconnaissance de schémas : je cherche à reconnaître un schéma avant tout le monde. »

— CAYCE POLLARD, *personnage du roman de William Gibson, « Identification des schémas »**

Mihály Csíkszentmihályi, psychologue à l'université de Chicago et auteur de *Vivre : la psychologie du bonheur*** et *La Créativité : psychologie de la découverte et de l'invention*[2], a étudié la vie de créateurs et a découvert que « la créativité implique en général de traverser les frontières entre les domaines ». Les plus créatifs voient des liens invisibles pour une grande partie d'entre nous. Un tel don est un avantage dans un monde où le travail

* [*Pattern Recognition*], trad. Cédric Perdereau, Paris, Lgf, 2006.
** Les citations qui suivent sont tirées de ce second ouvrage.

spécialisé peut rapidement devenir routinier puis être automatisé ou délocalisé. Le designer Clement Mok déclare : « Les dix prochaines années demanderont aux gens de penser et de travailler par-delà les frontières dans de nouvelles zones qui sont totalement différentes de leur domaine de prédilection. Ils devront passer les frontières, mais aussi identifier les possibilités et établir les liens qui les sous-tendent[3]. »

Par exemple, la délocalisation des emplois dans l'informatique en Inde créera une nouvelle demande pour des gens capables de gérer les relations entre les programmeurs orientaux et les clients occidentaux. Ces professionnels utiliseront les deux hémisphères de leur cerveau car ils doivent connaître les deux cultures, être à l'aise dans la rude science de l'informatique et la science floue de la vente et du marketing, savoir évoluer entre des groupes différents et parfois antagonistes avec l'habileté d'un diplomate. De telles personnes à multifacettes résolvent souvent les problèmes qui déconcertent les experts. « Nous sommes sortis de nombreuses impasses techniques grâce à des personnes qui n'étaient pas du tout des ingénieurs, soutient Nicholas Negroponte du MIT. Car la vue d'ensemble est plus importante que le QI. La capacité d'effectuer de grands sauts de pensée est un dénominateur commun aux auteurs d'idées innovantes. En général, cette compétence est l'apanage de personnes aux antécédents très vastes, à l'esprit multidisciplinaire et à la large gamme d'expériences[4]. »

Les passeurs de frontières rejettent les choix binaires (de type oui-non) et recherchent les options multiples et les solutions mixtes. Ils mènent des vies remplies de traits d'union (exemple : Omar Wasow, né à Nairobi, juif afro-américain, conseiller politique-entrepreneur-analyste audiovisuel). Ils expliquent le nombre croissant d'étudiants ayant choisi deux matières principales et la prolifération des départements universitaires qui se qualifient d'« interdisciplinaires ».

Csíkszentmihályi a aussi détecté une dimension annexe au talent de passeur de frontières : ceux qui le possèdent échappent souvent aux stéréotypes traditionnels liés au genre. Au cours de ses recherches, il a découvert qu'en faisant « passer à des jeunes gens des tests destinés à mesurer leur part de masculinité et de féminité, on se rend compte que les filles douées et créatives sont plus dures, plus dominantes que les autres et que les garçons créatifs sont plus sensibles et moins agressifs que leurs pairs. » Cela leur conférerait par conséquent des avantages uniques que Csíkszentmihályi appelle androgynie psychologique : « Elle caractérise les personnalités à la fois agressives et protectrices, sensibles et rigides, dominantes et soumises, quel que soit leur sexe. Elle multiplie le nombre des réactions possibles des individus et leur permet d'interagir avec le monde de façon plus riche et plus variée. »

En d'autres termes, comme le disait Samuel Taylor Coleridge il y a deux cents ans, et comme les passeurs de frontières nous le rappellent aujourd'hui, les grands esprits sont androgynes.

L'INVENTEUR

Dans les années 1970, Hershey Food Corp. a lancé une série de spots publicitaires débiles qui, par inadvertance, contenaient une leçon cruciale de pensée D. Dans ces pubs, un type perdu dans son monde marche en mâchonnant une barre de chocolat. Un autre, tout aussi dans la lune, déambule en mangeant du beurre de cacahouète. Ils se rentrent dedans.

« Hé ! vous avez mis du beurre de cacahouète sur mon chocolat, se plaint le premier.

— Et vous, vous avez mis du chocolat sur mon beurre de cacahouète », réplique le second.

Tous deux goûtent le résultat. À leur grande surprise, ils découvrent qu'ils ont créé une friandise délicieuse. « *Reese's Peanut Butter Cups*, entonne la voix off. Deux grands goûts qui ont très bon goût ensemble. »

Les penseurs D comprennent la logique de ce froissement de tôles sucrées. Ils ont l'intuition de ce que j'appelle la « théorie de l'innovation *Reese's Peanut Butter Cups* » : parfois, il suffit de combiner deux idées existantes que personne d'autre n'avait pensé à réunir pour créer les idées les plus puissantes.

« La clef du succès est de se risquer à avoir des pensées non conformistes. Les conventions sont l'ennemi du progrès. À partir du moment où vous avez une sensibilité un peu plus développée que la moyenne, vous êtes capable d'inventer. »

— TREVOR BAYLIS, *inventeur*

Prenez le skieur tout-terrain John Fabel. Il adore le sport, mais les bretelles de son sac à dos lui meurtrissent sans cesse les épaules. Un jour qu'il se rend à New York, il prend le pont de Brooklyn et trouve la solution à son problème. Dans un acte que les chercheurs en science cognitive Gilles Fauconnier et Mark Turner qualifieraient de « fusion conceptuelle », Fabel combine la structure du pont suspendu aux composants d'un sac à dos traditionnel et invente un nouveau sac plus facile à porter appelé Ecotrek.

La capacité à élaborer ce genre de liens inspirés et inventifs est une fonction de l'hémisphère droit du cerveau. Les neuroscientifiques cognitifs des universités Drexel et Northwestern ont montré que les flashs d'inspiration précédant une découverte sont accompagnés d'une intense activité neuronale dans l'hémisphère droit. Cependant, quand nous résolvons nos problèmes de manière G, plus méthodique, ce « centre eurêka » se tait[5]. Plus nous nous éloignons de l'ère de l'information, plus notre capacité à activer cette compétence de l'hémisphère droit est manifeste. Aujourd'hui, on passe si rapidement de l'invention au produit fini que les individus et les entreprises doivent être en permanence sur le pont. Tels des maniaques, ils doivent se concentrer sur l'invention, tout en délocalisant ou en automatisant une grande partie du travail d'exécution. Cela implique d'avoir à la fois du talent et un caractère bien trempé car personne n'est à l'abri des tâtonnements et des nombreuses erreurs qui accompagnent inévitablement une approche centrée sur l'inspiration. Heureusement, en dépit de ce que certains pourraient penser, nous possédons tous cette capacité à inventer. Écoutez Trevor Baylis, cascadeur devenu inventeur d'une radio à manivelle que l'on peut utiliser sans piles ni électricité : « L'invention n'est pas une branche mystérieuse de la magie : tout le monde peut essayer. » La plupart des inventions et des innovations sont le fruit d'une façon nouvelle de rassembler des idées existantes. Ceux qui veulent bien essayer de développer cette capacité symphonique prospéreront sous l'ère conceptuelle.

LE CRÉATEUR DE MÉTAPHORES

Supposons que votre patron vous dise un jour : « Prêtez-moi une oreille. » Comme nous l'avons vu au chapitre premier, l'hémisphère gauche panique un peu et implore l'aide du corps calleux devant la vision effroyable que font surgir ces quatre mots pris dans leur sens littéral. L'hémisphère droit calme alors son partenaire, remet la phrase en contexte et explique que « prêter l'oreille » est une métaphore. Votre patron ne veut pas de Van Gogh comme assistant. Il veut simplement que vous écoutiez ce qu'il a à vous dire.

La métaphore – comprendre une chose en l'expliquant par une autre – est un autre élément important de la symphonie. Mais comme de nombreux aspects de la pensée D, elle lutte contre une réputation imméritée. « La tradition occidentale [...] a exclu la métaphore du domaine de la raison », écrit le linguiste George Lakoff. La métaphore est souvent considérée comme un ornement, le propre des poètes et autres chochottes, des mots fleuris destinés à parfumer l'ordinaire ou le déplaisant. En fait, la métaphore est indispensable à la raison, parce que, comme l'écrit Lakoff, « le fonctionnement de la pensée humaine est largement métaphorique[6] ».

Dans un monde complexe, la maîtrise de la métaphore – une capacité bicérébrale appelée « rationalité imaginative » par certains scientifiques cognitifs – a acquis encore plus de valeur. Tous les matins, quand nous ouvrons nos mirettes, nous savons que nous allons passer la journée à patauger dans un torrent de données et d'informations. Certains logiciels les trient et les organisent en schémas. Mais seul le cerveau humain pense de manière métaphorique et voit les liens qu'un ordinateur ne détectera jamais.

« La métaphore est le moteur de l'art. »

— TWYLA THARP

Dans une ère d'abondance, quand les inventeurs d'inédit et d'irrésistible se voient largement récompensés, la fabrication de métaphore est vitale. C'est ainsi, par exemple, que Georges de Mestral a eu l'idée du Velcro après avoir remarqué comment les bardanes s'accrochaient à la fourrure de son chien[7]. Un ordinateur n'en aurait jamais été capable. « Toute création est une représentation d'autre chose. Dans ce sens, tout ce que vous créez est enrichi par la métaphore », écrit la chorégraphe Twyla Tharp. Elle encourage les gens à booster leur quotient métaphorique ou QM, parce que « dans le processus créatif, le QM a autant de valeur que le QI[8] ».

La pensée métaphorique est importante parce qu'elle nous aide à comprendre les autres. C'est une des raisons pour lesquelles les vendeurs complètent leurs recherches quantitatives par des investigations qualitatives dans l'esprit métaphorique de leurs clients[9]. Par exemple, Gerald Zaltman, professeur à la Harvard Business School, complète ses sondages et ses groupes de discussion en demandant à ses sujets d'apporter des photos qui représentent les sentiments qu'ils éprouvent vis-à-vis de certains biens et services, puis d'en faire un collage. Grâce à cette méthode, Zaltman arrache aux clients les métaphores qu'ils rattachent aux produits – le café est un « moteur », un gadget de surveillance devient un « sympathique chien de garde », etc.

Mais les bénéfices d'une telle façon de penser dépassent le royaume commercial. Aujourd'hui, grâce aux progrès étourdissants des télécommunications, à un accès plus large aux voyages et à une durée de vie toujours plus longue, nous entrons en contact avec des catégories de personnes plus diverses et variées qu'auparavant. Jamais dans l'Histoire aucun homme n'avait rencontré autant de ses semblables. L'imagination métaphorique est essentielle pour forger des liens empathiques et pour faire connaître des expériences que les autres ne partagent pas. Mais, sans doute, le plus important c'est le rôle joué par la métaphore dans l'étanchement de notre soif de sens. Au final, le confort matériel apporté par l'abondance importe moins que les métaphores de votre vie – que vous considériez celle-ci comme un « voyage » ou un « tapis de jogging ». « Une grande partie de la compréhension de soi, déclare Lakoff, dépend de sa quête des métaphores personnelles qui donnent du sens à notre vie[10]. » Mieux nous comprenons la métaphore, mieux nous nous comprenons.

Avoir une vue d'ensemble

Dans toute symphonie, le compositeur et le chef d'orchestre ont diverses responsabilités. Ils doivent s'assurer que les cors sont synchrones avec les bois, que les instruments de percussion ne dominent pas les altos. Mais parfaire ces liens (ce détail a son importance) n'est pas le but ultime de leurs efforts. Ce que désirent les compositeurs et les chefs d'orchestre, ce qui sépare ce dont on se souvient longtemps de ce qu'on oublie vite, c'est la capacité à assembler les liens pour en faire un tout dont la magnificence excédera la somme des partitions. Il en est ainsi de la capacité symphonique high concept. Le passeur de frontières, l'inventeur et le créateur de métaphores comprennent tous trois l'importance des liens. Mais l'ère conceptuelle exige aussi une certaine capacité à *saisir le lien dans le lien.* Cette métacapacité porte plusieurs noms – pensée systémique, pensée gestalt, pensée holistique. Ce qui équivaut à avoir une vue d'ensemble.

Cette vision a vite trouvé son application dans le monde des affaires. Tandis que les travailleurs du savoir d'autrefois accomplissaient leurs tâches étape par étape et passaient leurs journées à entretenir leur propre parcelle d'un jardin qui ne leur appartenait pas, de tels travaux sont à présent délocalisés ou pris en charge par des logiciels puissants. Résultat : les tâches que les ordinateurs rapides et les spécialistes étrangers sous-payés sont incapables d'accomplir (comme imaginer l'ensemble du puzzle et essayer d'y faire rentrer les différentes pièces) ont pris de la valeur. Ce dont ont pris de plus en plus clairement conscience les entrepreneurs et hommes d'affaires à succès.

Par exemple, une étude récente et remarquable a démontré que le taux de dyslexiques était quatre fois plus élevé chez les millionnaires qui se sont faits tout seuls que dans le reste de la population[11]. Pourquoi ? Les dyslexiques ont un mal fou avec la pensée G et le raisonnement linéaire, séquentiel et alphabétique qui la sous-tend. Mais comme un aveugle développe un sens plus aigu de l'ouïe, les difficultés d'un dyslexique dans un domaine le conduisent à acquérir des compétences énormes dans d'autres. Voilà ce qu'écrit Sally Shaywitz, neuroscientifique à Yale et spécialiste en dyslexie : « Les dyslexiques pensent différemment. Ils sont intuitifs et excellent dans la résolution des problèmes, la vision d'ensemble, la simplification... Ils récitent mal par cœur, mais ce sont des visionnaires inspirés[12]. » Prenez Charles Swab, qui a inventé le courtage discount, et Richard Branson, qui a secoué le monde de la vente de musique au détail et l'industrie des transports aériens. Tous deux mettent la dyslexie au centre de leur réussite. Elle les a poussés à avoir des choses une vision d'ensemble. À cause de leur difficulté à analyser les détails, ils sont devenus experts dans la reconnaissance de structures. Michael Gerber, qui a étudié des entrepreneurs de tous bords, en est arrivé aux mêmes conclusions. « Tous les grands entrepreneurs sont des penseurs systémiques. Tous ceux qui souhaitent devenir de grands entrepreneurs doivent apprendre comment on devient un penseur systémique... afin de développer leur penchant naturel pour la vision d'ensemble[13]. »

« Le type qui a inventé la roue était un idiot. Celui qui a inventé les trois autres était un génie. »

— SID CAESAR

Les études et les observations de première main montrent que la reconnaissance de structures – comprendre les liens entre les liens – est également importante pour ceux qui n'ont pas l'intention de construire un empire. Daniel Goleman parle d'un panel de cadres choisis dans quinze grandes entreprises : « Une seule compétence cognitive distinguait les exécutants vedettes de la moyenne : la reconnaissance de structures, la vision du tableau d'ensemble qui permet aux leaders de sélectionner les tendances significatives au milieu d'un fatras d'informations et d'avoir une vision stratégique de l'avenir[14]. » Ces exécutants vedettes, a-t-il découvert, « se fient moins au raisonnement déductif et conditionnel », mais davantage au raisonnement contextuel et intuitif de la symphonie. Ce terrain mouvant pousse déjà des travailleurs de type pensée G à remanier qui ils sont et ce qu'ils font. Un exemple : Stefani Quane, de Seattle, qui se surnomme « avocate holistique », prend soin de vos testament, fidéicommis et affaires familiales en les examinant dans leur contexte plutôt qu'isolément, et étudie vos préoccupations en matière juridique par rapport à l'ensemble de votre existence.

De plus en plus d'employeurs recherchent des personnes dotées de cette compétence. Sidney Harman est l'un d'entre eux. Ce multimillionnaire de quatre-vingts ans, P-DG d'une entreprise de composants stéréophoniques, affirme qu'il est inutile d'embaucher des détenteurs de MBA. « Moi je dis : “Qu'on me propose des poètes comme directeurs.” Les poètes sont nos penseurs systémiques originaux. Ils contemplent le monde dans lequel nous vivons et se sentent obligés de l'interpréter et de lui donner une expression pour que le lecteur comprenne comment ce monde tourne. Les poètes, ces penseurs systémiques anonymes, sont nos vrais penseurs numériques. Je suis persuadé que c'est parmi eux que nous trouverons les nouveaux chefs d'entreprise de demain[15]. »

Les affaires et le travail ne sont pas, bien entendu, les seuls domaines où la vision d'ensemble est utile. Cet aspect de la symphonie est devenu crucial dans la santé et le bien-être. Prenez l'attrait grandissant pour la médecine intégrée qui combine la médecine conventionnelle, les thérapies alternatives et complémentaires, et sa cousine, la médecine holistique, qui a pour but de soigner la personne dans son intégralité et non la maladie en particulier. Ces mouvements – fondés sur la science, mais ne dépendant pas seulement de l'approche scientifique qui est souvent de type pensée G – ont acquis une large reconnaissance au point d'être maintenant parfois proposés dans certains établissements classiques. Ils s'éloignent de l'approche réductionniste et mécaniste de la santé et se dirigent vers une approche qui, selon les termes d'une association de médecins, intègre « tous les aspects du bien-être, y compris la santé physique environnementale, mentale, émotionnelle, spirituelle et sociale, et, par conséquent, contribue à notre guérison et à celle de la planète[16] ».

La capacité à avoir une vision d'ensemble est un formidable antidote à la diversité des malheurs psychologiques apportée par la prospérité et l'abondance de notre époque. C'est peut-être même là sa fonction la plus importante. Nombre d'entre nous sommes écrasés par le temps, noyés sous un déluge d'informations, paralysés par le poids de choix trop nombreux. La meilleure prescription contre ces maux de la vie moderne consiste peut-être à aborder la vie d'une manière contextuelle, à avoir une vision d'ensemble des choses, à faire la différence entre l'essentiel et l'accessoire (qui pollue). Comme nous le verrons dans le dernier chapitre, la capacité à percevoir sa vie d'une manière qui inclut la gamme entière des possibilités humaines est essentielle à la recherche de sens.

Le dernier jour de ce cours de dessin, nous approchons l'acmé de la semaine. Après le déjeuner, nous scotchons nos petits miroirs sur le mur. Nous éloignons nos chaises d'environ vingt centimètres et dessinons une nouvelle fois nos autoportraits. Bomeisler nous met en garde contre le danger qui rôde dans la glace. « Nous avons utilisé le miroir pour nous préparer à affronter le monde. Effacez de votre esprit toutes les idées que vous vous êtes faites à ce sujet et concentrez-vous sur les formes, les lumières, les liens. Ce qui vous intéresse, c'est votre visage, ici et aujourd'hui. »

Pendant le déjeuner, je mets des lentilles pour ne pas avoir à dessiner les ombres projetées par mes lunettes. Vu ma performance lors du premier autoportrait, je mets toutes les chances de mon côté. Je commence par les yeux – je les regarde longuement, quelle forme ils ont, où la couleur de mes pupilles se termine, où le blanc commence, et je me rends compte que l'espace entre mes yeux correspond à la longueur de chaque œil. Ensuite le nez. Il me donne du fil à retordre, en partie parce que je n'arrête pas de *penser* à un nez au lieu de me concentrer sur l'appendice que je vois au milieu de mon visage. J'élude donc cette partie et pendant un bon moment, mon autoportrait présente un gros vide en son centre, une Vénus de Milo des proboscidiens. Quand vient la bouche, je la dessine et redessine neuf fois jusqu'à satisfaction. Pour tout vous dire, mes premières tentatives se rapprochent plus du panneau Magikist qu'autre chose. Quant au contour de la tête, il ne me pose pas de problème puisque j'ai gommé l'espace négatif qui l'entourait.

À ma grande surprise, ce qui apparaît sur le carnet de croquis commence un peu à ressembler à ma personne, ici et maintenant. Bomeisler examine mes progrès, me tapote l'épaule et murmure : « Fantastique. » J'ai presque cru qu'il le pensait. Et, tandis que je crayonne ma touche finale, je ressens un peu ce que peut ressentir une mère qui vient de soulever la Mercedes sous laquelle est coincé son fils et qui se demande où elle a puisé cette force.

J'ai fini. Voilà à quoi je ressemble, maintenant que j'ai saisi les liens qui sous-tendaient la réalité et que je les ai intégrés dans l'ensemble du tableau.

PORTFOLIO

Design

Histoire

Symphonie

Empathie

Jeu

Sens

Écouter les grandes symphonies

Écouter les grandes symphonies, cela n'a rien de surprenant, est une excellente manière de développer vos pouvoirs symphoniques. Voici cinq classiques recommandés par des experts. (Bien entendu, le style, l'interprétation et le son varieront suivant les enregistrements, selon le chef et l'orchestre.)

***Neuvième symphonie* de Beethoven** – L'une des plus célèbres symphonies de tous les temps, l'« Hymne à la joie » de Beethoven s'écoute toujours avec plaisir. Chaque fois, je découvre quelque chose de nouveau, en partie parce que le contexte d'écoute modifie et façonne le sens.

***Symphonie n° 35 Haffner* de Mozart** – Remarquez de quelle manière Mozart introduit les bois à la fin pour créer un tout qui surpasse de manière dramatique la totalité des partitions.

***Symphonie n° 4 en* sol *majeur* de Mahler** – Je doute que l'inspiration ait été le but de Mahler, mais sa quatrième symphonie m'inspire toujours.

***Ouverture 1812* de Tchaïkovski** – Vous avez déjà entendu ce morceau à de nombreuses reprises. Mais, la prochaine fois, procurez-vous un enregistrement où on entend de vraies cloches d'église et de vrais canons, puis écoutez avec soin comment les morceaux du puzzle s'assemblent.

***Symphonie n° 94 en* sol *majeur Surprise* de Haydn** – pour maîtriser votre capacité symphonique, vous devez être ouvert aux surprises. Quand vous écouterez ce morceau, vous serez étonné par la manière dont Haydn a recours à la surprise pour élargir et approfondir la musique.

Se rendre chez son marchand de journaux

L'un de mes exercices préférés de cocktail conceptuel est le « pillage du marchand de journaux ». Le jour où vous êtes bloqué par un problème ou si vous souhaitez simplement vous rafraîchir les idées, rendez-vous chez le plus grand marchand de journaux que vous connaissez. Passez vingt minutes à feuilleter la presse et choisissez dix magazines que vous n'avez jamais lus et que vous n'auriez normalement jamais achetés. Voici la clef : achetez des magazines inconnus. Puis prenez le temps de les parcourir. Inutile de les lire de bout en bout. Faites-vous juste une idée de leur contenu et de leur lectorat. Puis recherchez des liens entre ces magazines et votre travail ou votre vie. Par exemple, quand j'ai fait cet exercice, j'ai amélioré la présentation de mes cartes de visite grâce à un article de *Cuisine gourmande.* Une nouvelle idée de lettre d'information m'a été fournie par un article d'*Idéal Coiffure.* Attention : votre conjoint(e) pourrait vous regarder de travers si vous revenez avec *Camping et Caravaning, Jalouse,* FHM ou *Vermeil* sous le bras.

Dessiner

Pour augmenter votre capacité symphonique rien de mieux que d'apprendre à dessiner. Comme je l'ai moi-même constaté, dessiner, c'est voir les liens puis les intégrer dans un tout. Je ne suis pas objectif quand je recommande la méthode de Betty Edwards, parce qu'elle m'a beaucoup appris. Trouvez un cours comme celui auquel j'ai assisté ! Si vous en avez le temps, un atelier de cinq jours vaut l'investissement. Sinon, rabattez-vous sur la vidéo d'Edwards et Bomeisler ou, plus classique, le livre d'Edwards. (*Pour plus d'informations* : www.drawright.com)

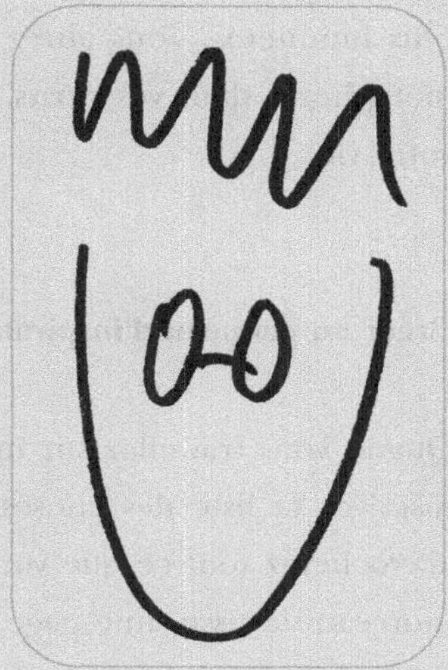

Pour ceux d'entre vous qui sont plus curieux que patients, que diriez-vous de dessiner votre autoportrait en utilisant seulement cinq traits ? C'est un exercice passionnant et très amusant. Ci-dessus, l'un des miens.

Rédiger son journal de bord de métaphores

Améliorez votre QM (quotient métaphorique) en notant dans un petit carnet que vous garderez toujours sur vous toutes les métaphores irrésistibles et étonnantes que vous rencontrez. Essayez durant une semaine et vous comprendrez la puissance de cet exercice. Jetez-vous sur votre petit crayon quand vous lisez que les sondages ont « colonisé » l'esprit de nos leaders, ou quand l'un de vos amis vous dit : « Je me sens déraciné. » Vous serez surpris. La dernière fois que je me suis promené avec mon carnet, je suis tombé sur tellement de métaphores que le monde me semblait plus riche, plus lumineux. Vous aurez à votre tour envie de créer vos propres métaphores dans vos écrits, vos pensées ou d'autres circonstances de votre vie.

Créer un panneau d'inspiration

Quand vous travaillez sur un projet, transformez le panneau où vous inscrivez la liste des choses à faire en tableau d'inspiration. Vous y accrocherez tout ce que vous trouverez d'irrésistible – une photo, un morceau de tissu, une page de magazine. Très vite, les liens entre les différents éléments animeront et développeront votre travail. Les stylistes utilisent depuis longtemps ces panneaux de tendance sur lesquels ils composent des collages sauvages et des guides conceptuels qui sont le prolongement de leur pensée. Imitez-les !

Lire les ouvrages suivants

Voici cinq livres qui vous aideront à aiguiser vos talents pour la symphonie.

Le Cerveau de Mozart, Bernard Lechevalier, Paris, Odile Jacob, 2003 – Il analyse avec brio comment le cerveau traite la musique, et en particulier comment la musique touche toutes les parties du cerveau de manière symphonique et bicérébrale.

Les Puissances de dix : les ordres de grandeur dans l'univers ou ce qui apparaît quand on ajoute un zéro à une puissance de dix *[Powers of ten]*,

Philip et Phylis Morrison [et] l'agence Charles et Ray Eames, Paris, Pour la science, 1985 – Créé par l'inséparable couple, ce folioscope comprend soixante-seize pages illustrées. Chaque image est dix fois plus grande que celle qui la précède. Commencez par le début et l'image de la Terre vue à dix millions d'années-lumière d'ici, puis feuilletez les pages et arrêtez-vous sur un homme qui pique-nique au bord d'un lac à Chicago. Regardez sa peau, puis les cellules de sa peau, l'ADN de ses cellules et enfin l'ultime proton.

Les Métaphores dans la vie quotidienne, George Lakoff et Mark Johnson [*Metaphors We Live By*], trad. Michel Defornel, Paris, Minuit, 1986. – Ce court ouvrage accessible à tous est le meilleur qui soit disponible sur la métaphore en tant que processus de la pensée.

Objets réinventés : la création populaire à Cuba, Pénélope de Bozzi, Ernesto Oroza, Paris, Alternatives, 2002 – Une antenne télé fabriquée à partir de vieux plateaux de cafétéria en métal. Des petites voitures construites avec des flacons de shampooing en plastique vides, de l'encre et des pots de colle. Autant d'objets à qui l'on a donné une deuxième vie de manière ingénieuse dans les rues de Cuba. Une exposition de pensée combinatoire renversante.

L'Art de vivre en harmonie, Anselm Grün, trad. Christiane Lanfranchi-Veyret, Gabriel-Raphaël Veyret, Paris, Albin Michel, 2004. – Devenir plus lourd et s'alléger, donner du poids à ce qui est essentiel et jeter par-dessus bord le lest encombrant et inutile, telle est la voie qui mène à une vie pleine. Anselm Grün, moine bénédictin dont les milliers de lecteurs goûtent la tendresse et l'humanité, balise pour nous le chemin d'un art de vivre en harmonie. En neuf parcours, il met à profit son expérience personnelle pour nous distiller de précieux conseils. En articulant l'expérience de poètes tels que Rilke ou Celan, celle des Pères du désert et le quotidien de l'homme moderne, Anselm Grün vient aider chacun à trouver son propre chemin, à laisser s'épanouir la vie dont il est porteur.

Se réjouir de son statut d'amateur

Je suis le plus doué dans des domaines dont j'ignore tout.

Je suis capable de me sentir fort et sûr de moi dans ces situations. Je me sens libre de bouger, d'écouter mon cœur, d'apprendre, d'agir même si cela signifie que je ferai des erreurs.

Si vous voulez une vie créative, jetez-vous à l'eau et faites l'expérience de la beauté de vos erreurs.

Traquer les espaces négatifs

L'espace négatif est souvent négligé. Habituez vos yeux à le repérer. Quand vous vous promenez, faites du lèche-vitrines ou feuilletez un magazine, essayez d'oublier ce qui est évident et examinez ce qu'il y a entre, au-delà et autour. Prendre conscience de l'espace négatif changera votre regard sur votre environnement et ainsi, l'espace positif vous sautera aux yeux. Quelle belle manière d'être surpris ! Par exemple, sur la boîte de chocolats Hersheys' Kisses ci-contre, j'ai découvert un espace négatif aussi inattendu qu'étrange. Le voyez-vous ?

Logo ci-dessus de Marcel Wanders, designer et « amateur professionnel » autoproclamé. (Pour plus d'informations : www.marcelwanders.com)

7

EMPATHIE

Dure journée, hier. Je n'ai pas arrêté : je me suis efforcé de faire face à différentes échéances, j'ai essayé de refuser une nouvelle mission qui m'est tombée dessus, je me suis occupé d'une gamine de sept ans au nez qui coulait, d'une autre de cinq ans à la dent branlante, et d'un garnement de dix-huit mois qui apprenait les relations de cause à effet en poussant un vase du buffet sur lequel il était posé. L'après-midi, j'ai couru huit kilomètres. J'ai avalé mon dîner à la hâte avant de m'enfermer dans mon bureau où j'ai travaillé encore quelques heures Aux alentours de 22 heures, épuisé, incapable de me concentrer, je me suis couché. Impossible de dormir. J'ai lu un peu avant de me rallonger. Rien à faire. Alors, vers 1 heure du matin, je suis descendu, je me suis versé un verre de vin et j'ai lu le journal de la veille. Deuxième verre de vin. Deuxième journal. À 2 h 15, je suis remonté et j'ai réessayé. Je me suis enfin endormi peu après 3 h 6, les derniers chiffres que je me rappelle avoir vus sur le radio-réveil à côté de mon lit.

Environ trois heures plus tard, debout dans son lit, mon petit de dix-huit mois s'est une nouvelle fois pris pour un coq chargé de nous signaler le lever du jour. Vers 7 heures, la maison est entrée dans son tourbillon matinal habituel et à 8 heures, j'étais de retour dans mon bureau où je suis assis en ce moment et où j'affronte d'autres échéances. Je suis fatigué, très fatigué. En fait, je viens de bâiller. Dès que je pense à la journée qui m'attend, je bâille. Malgré les trois cafés que j'ai bus, je pourrais m'endormir en trente secondes. Mais le sommeil devra attendre. J'ai trop à faire. Alors, je tiens bon, coûte que coûte… et je bâille.

Arrêtons-nous là un instant. Cette dernière minute, avez-vous bâillé ? Quand vous avez lu mon récit sur mon manque de sommeil et que vous m'avez imaginé en train de bâiller, n'avez-vous pas ressenti un vague bâillement vous picoter la mâchoire ? S'il en est ainsi, vous avez probablement une propension à l'empathie, notre quatrième compétence du futur. (Sinon, vous avez peut-être besoin d'une histoire d'une plus grande force émotionnelle que mon modeste récit sur le surmenage et le sommeil en retard.)

L'empathie est la capacité à s'imaginer à la place de quelqu'un et à deviner ce qu'il ressent, à se glisser dans ses bottes, ses yeux, son cœur. Nous le faisons avec une certaine spontanéité, il s'agit d'un acte instinctif plutôt que le produit d'un geste délibéré. Attention, l'empathie est différente de la sympathie, quand on a de la peine *pour* quelqu'un. C'est un sentiment d'accompagnement, on imagine ce que cela fait d'être cette personne. L'empathie est un acte de bravoure imaginative étonnant, la réalité virtuelle ultime : se faufiler dans l'esprit de l'autre pour faire l'expérience du monde selon son point de vue.

Et, comme cela nécessite d'être en harmonie avec autrui, l'empathie implique souvent un élément de mimétisme. Voilà pourquoi certains d'entre vous ont bâillé il y a quelques minutes. Ce bâillement par contagion, déclare le neuroscientifique cognitif Steven Platek de Drexel University, est vraisemblablement un « mécanisme empathique primitif[1] ». Il a découvert que les bâilleurs par contagion obtiennent des scores élevés aux différents tests de mesure des niveaux d'empathie. Ces personnes – vous peut-être – sont en telle harmonie avec les autres qu'elles ne peuvent s'empêcher d'imiter leur comportement.

L'empathie est extrêmement importante. Elle a aidé notre espèce à sortir de la boue des origines. Aujourd'hui que nous sommes debout et solides sur nos deux jambes – les gros animaux de la cour de récré – elle nous aide encore à passer la journée. L'empathie nous permet de voir l'autre face d'un raisonnement, de réconforter quelqu'un dans la peine, de ravaler nos remarques sarcastiques. L'empathie construit la conscience de soi-même, lie les parents aux enfants, nous permet de travailler ensemble, fournit l'échafaudage de notre moralité.

« Le leadership est une question d'empathie : avoir la capacité d'établir des liens et de communiquer avec les gens dans le but d'apporter une étincelle d'inspiration à leur vie, de la rendre plus forte. »

— OPRAH WINFREY, *animatrice de télévision*

Cependant, l'ère de l'information ne s'est pas toujours montrée très juste envers l'empathie, comme envers de nombreuses autres compétences high concept et high touch. Elle a souvent été considérée comme une faiblesse superflue dans un monde qui exigeait détachement et réalisme. Rien de tel que de qualifier d'« hypersensible » une thèse ou une idée pour l'envoyer au rebut. Regardez la volée de bois vert que s'est vu administrer l'ancien président américain Bill Clinton quand il a prononcé ces quatre mots : « Je comprends votre douleur. » Certains critiques ont cru que Clinton simulait, alors que les plus sévères considéraient ce commentaire dérisoire et indigne d'un président, voire un tantinet efféminé. Les Américains paient leur président pour penser et non pour avoir des sentiments, pour faire preuve de stratégie et non d'empathie. Depuis longtemps, l'ère de la vivacité, du rendement et de l'efficacité prise la distance émotionnelle et le raisonnement impavide, la capacité à reculer, à jauger la situation et à prendre une décision libre de toute émotion. Mais, comme pour de nombreux autres attributs de la pensée G, nous commençons à voir les limites d'une telle approche monocérébrale. *L'Intelligence émotionnelle*, livre que Daniel Goleman a publié à l'époque où Clinton a prononcé ses paroles empathiques, annonce le début de cette évolution. Goleman soutient que les capacités émotionnelles sont plus importantes que les capacités intellectuelles conventionnelles... et le monde a compris son message.

Dix ans plus tard, l'ère conceptuelle fait monter les enchères. Quand Goleman a rédigé son livre, Internet n'en était qu'à ses balbutiements et les programmeurs indiens hautement qualifiés du chapitre 2 étaient à l'école primaire. Aujourd'hui, les connexions bon marché et répandues, combinées à la délocalisation du travail du savoir, font que les attributs mesurables par le QI sont plus faciles à remplacer. Inversement, les capacités plus difficiles à reproduire ont davantage de valeur. L'empathie est par définition une capacité impossible à reproduire par des ordinateurs et difficile à égaler par des travailleurs lointains connectés par électrons.

Affronter l'avenir

En 1872, treize ans après la parution de *De l'origine des espèces**, Charles Darwin publie un autre livre qui scandalise la société victorienne. *L'Expression des émotions chez l'homme et les animaux***

* [*On the Origin of Species*], texte établi par Daniel Becquemont, à partir de la trad. de l'anglais d'Edmond Barbier, Paris, Flammarion, 1992.
** [The Expression of the Emotions in Man and Animals], trad. Dominique Férault, Paris, Rivages, 2001.

contient quelques revendications controversées. En particulier, Darwin y affirme que tous les mammifères ont des émotions et ne les transmettent que grâce aux expressions de leur visage. Un chien à l'air lugubre est probablement triste, une personne qui fronce les sourcils est sans doute malheureuse.

Le livre suscite des remous à sa sortie, alors qu'il demeure dans l'obscurité le siècle suivant. L'hypothèse émise par le monde de la psychologie et de la science est celle-ci : notre visage exprime réellement nos émotions, mais ces expressions sont le produit de la culture et non de la nature. En 1965, Paul Ekman, jeune psychologue devenu une légende, apparaît sur la scène. Cet Américain s'est rendu au Japon, en Argentine, au Brésil et au Chili. Il a montré aux autochtones des photos de visages figés dans une certaine expression et a découvert que les habitants d'Asie et d'Amérique du Sud leur donnaient la même interprétation que les Américains. Quelle surprise ! Peut-être cette communauté de vue était-elle due à la télévision ou à l'influence occidentale, s'est-il dit. Ekman s'est donc rendu dans les hautes terres de Nouvelle-Guinée et a montré le même assortiment de photos aux indigènes qui n'avaient jamais regardé la télévision, ni vu d'Occidental auparavant. Ils ont lu sur les visages les mêmes émotions que les cobayes précédents d'Ekman. Cette constatation l'a conduit à une conclusion renversante : Darwin avait raison finalement. Les expressions du visage sont universelles. Un haussement de paupières indique la surprise en plein cœur de Manhattan, comme dans la banlieue de Buenos Aires ou les montagnes de Nouvelle-Guinée.

Ekman a consacré une grande partie de sa carrière à étudier les expressions faciales. Il a créé le jeu de photographies auquel j'ai été confronté au chapitre premier, lors de mon IRM. Son travail revêt une importance énorme ici. L'empathie est surtout une question d'émotions, ressentir ce que l'autre ressent. Mais les émotions ne se révèlent généralement pas à la manière de la pensée G. « Les émotions se traduisent rarement par des mots ; bien plus souvent, elles sont exprimées par d'autres indices, écrit Goleman. Comme le mode d'expression de la pensée rationnelle est le mot, celui des émotions est non verbal[2]. » Et le visage est l'écran principal sur lequel afficher les émotions. Grâce aux quarante-trois minuscules muscles qui tirent, tendent et soulèvent nos yeux, bouche, joues, sourcils et front, notre visage peut véhiculer toute la panoplie des sentiments humains. Étant donné que l'empathie dépend de l'émotion et puisque cette dernière est véhiculée de manière non verbale, afin de toucher le cœur de l'être aimé, vous devez commencer le voyage par son visage.

Comme nous l'avons vu au chapitre premier, lire les expressions faciales est une spécialité de l'hémisphère cérébral droit. Quand je regardais des expressions exagérées, à la différence de ce qui se passait quand j'observais des scènes effrayantes, l'IRMf montrait que le côté droit de mon cerveau répondait avec plus de vigueur que le gauche. « Nous exprimons nos émotions et lisons celles des autres principalement grâce à l'hémisphère droit », a déclaré Richard Restak, neurologue à George Washington University. C'est pourquoi, selon les recherches de l'université du Sussex, la grande majorité des femmes, qu'elles soient droitières ou gauchères, bercent leur enfant du côté gauche. Puisque les bébés ne parlent pas, la seule manière de comprendre leurs besoins et de lire leurs expressions et de deviner leurs émotions. Nous sommes donc tributaires de notre hémisphère droit, ce qui implique de se tourner vers la gauche. (Souvenez-vous du chapitre premier, notre cerveau est controlatéral[3].) Les personnes dont l'hémisphère droit est endommagé ont de grandes difficultés à reconnaître les émotions sur le visage des autres. (C'est aussi souvent le cas pour ceux qui souffrent d'autisme, ce qui signale parfois un dysfonctionnement de l'hémisphère droit.) À l'opposé, les personnes à l'hémisphère gauche endommagé – le côté, qui, chez la plupart des gens, traite le langage – sont en vérité plus douées pour lire les expressions faciales que le reste d'entre nous. Par exemple, Paul Ekman et Nancy Etcoff, psychologue au Massachusetts General Hospital de Boston, ont montré que la majorité d'entre nous détecte étonnamment mal les menteurs. Quand nous essayons de déterminer à partir d'une expression faciale ou du ton de la voix si telle personne raconte des bobards, le résultat est le même que si nous avions deviné au hasard. Les aphasiques (personnes à l'hémisphère gauche endommagé, ce qui compromet leur capacité à parler et à comprendre le langage), eux, sont des détecteurs de mensonges exceptionnels. Nancy Etcoff a découvert qu'ils repéraient les menteurs dans 70 % des cas à partir des indices faciaux[4]. La raison ? Puisqu'une voie de communication leur est barrée, ils interprètent mieux l'autre, celle qui est plus expressive.

L'ère conceptuelle a valorisé cette voie plus insaisissable, mais plus expressive. Depuis des décennies, on rêve de doter les ordinateurs d'intelligence émotionnelle, mais même les meilleurs scientifiques dans le domaine de l'« informatique affective » n'ont guère fait de progrès. Les ordinateurs continuent d'être nuls dès qu'il s'agit de différencier un visage d'un autre. Quant à détecter leurs expressions subtiles... Les ordinateurs possèdent « des compétences formidablement mathématiques, affirme Rosalind Picard du MIT, mais, à partir du moment où il faut interagir avec les gens, ils sont autistes[5] ». Les logiciels de reconnaissance vocale sont aujourd'hui capables de déchiffrer nos mots – que nous disions à notre ordinateur portable « Sauvegarder » ou « Effacer », ou que nous demandions « Couloir » ou « Hublot » à la machine-hôtesse de la compagnie aérienne. Cependant, le logiciel le plus sophistiqué de la planète installé sur l'ordinateur le plus puissant du monde ne peut deviner nos émotions. Quelques applications récentes commencent à pouvoir en repérer la présence. Par exemple, certains logiciels de reconnaissance vocale utilisés dans des centres d'appels détectent les gros changements de ton, de rythme et de volume qui tous trois signalent une émotion plus intense. Que se passe-t-il alors ? Le logiciel transfère l'appel à... un simple mortel.

> **« Les personnes qui comptent sur la logique, la philosophie et l'exposition rationnelle finissent par affamer la meilleure partie de leur esprit. »**
>
> — WILLIAM BUTLER YEATS

Cet exemple est une illustration du travail durant l'ère conceptuelle. Le travail qui peut être réduit à des règles (que celles-ci tiennent dans les quelques lignes de commande d'un logiciel ou qu'elles soient remises à un travailleur mal payé à l'autre bout du monde) nécessite relativement peu d'empathie. Un tel travail finira par disparaître de pays comme les États-Unis, le Canada et l'Union européenne. Mais les emplois qui resteront demanderont une compréhension plus aiguë des subtilités des interactions humaines qu'avant. Il n'est donc pas étonnant que les étudiants de Stanford Business School se précipitent sur un cursus officiellement intitulé « Dynamique interpersonnelle », plus connu sur le campus sous le nom d'« Hypersensible ». Ou considérez un domaine qui n'est pas réputé pour son niveau d'alphabétisation émotionnelle : le droit. La plupart des recherches légales de base peuvent aujourd'hui être effectuées par des avocats anglophones installés à l'autre bout du monde. De même, les logiciels et les sites web, comme je l'ai expliqué au chapitre 3, ont éliminé le monopole des avocats sur certaines informations spécialisées. Seuls resteront ceux qui auront de l'empathie pour leurs clients et comprendront leurs réels besoins. Ceux qui pourront s'asseoir à la table des négociations et deviner ce qui se joue vraiment sous les mots prononcés. Et ceux qui pourront regarder un jury, lire l'expression sur le visage des jurés et savoir instantanément si leur plaidoirie a été convaincante. Ces capacités empathiques ont toujours été importantes aux yeux des avocats, mais aujourd'hui, elles sont devenues le moyen de se différencier dans cette profession et bien d'autres.

Toutefois, l'empathie est bien plus qu'un talent professionnel nécessaire à la survie sur le marché du travail du XXIe siècle. C'est une éthique personnelle, une manière de comprendre ses pairs. Comme Darwin et Ekman l'ont découvert, c'est une langue universelle qui nous relie par-delà les pays et les cultures. L'empathie nous rend humains. L'empathie apporte la joie. Et comme nous le verrons au chapitre 9, l'empathie est un élément essentiel d'une vie remplie de sens.

Nombre d'entre nous peuvent augmenter leurs pouvoirs d'empathie. Et nous pouvons presque tous améliorer notre capacité à lire les visages. Au fil des années, Ekman a assemblé un atlas des expressions faciales – quasiment toutes les expressions faciales que les hommes utilisent à travers le monde pour véhiculer des émotions. Et il a découvert que sept émotions humaines basiques ont des signaux faciaux évidents : la colère, la tristesse, la peur, la surprise, le dégoût, le mépris et la joie. Parfois ces expressions sont entières et intenses. D'autres, elles, sont moins visibles. Il y a ce qu'Ekman appelle l'« expression insignifiante », en général le premier picotement d'une émotion ou la tentative ratée de la cacher. Puis il y a l'« expression partielle » et la « microexpression » qui passe sur le visage en un centième de seconde et se produit souvent « quand la personne essaie consciemment de cacher tous les signes de ce qu'elle ressent[6] ». Ekman a enseigné cette capacité à lire les visages aux agents du FBI, de la CIA et de l'ATF*, mais aussi à des officiers de police, des juges, des avocats et même des illustrateurs et des dessinateurs. Je vais vous apprendre à présent un aspect des techniques d'Ekman. (Vous pourrez en savoir davantage dans le portfolio situé à la fin de ce chapitre.)

Les sourires de complaisance, comme je les appelle, m'ont toujours énervé. Comment savoir si la personne sourit parce qu'elle est charmée

* *Bureau of Alcohol, Tobacco and Firearms.* Agence responsable de l'application des lois concernant l'utilisation des armes à feu, des explosifs et de la production, de l'utilisation et de la distribution d'alcool et de tabac.

par mes traits d'esprit ou justement parce qu'elle ne l'est pas. Maintenant, je sais. Ekman a surnommé un vrai sourire de plaisir le « sourire de Duchenne », d'après le neurologue français Duchenne de Boulogne qui a été l'un des premiers à explorer ce domaine à la fin du XIXe siècle. Un sourire sincère implique deux muscles faciaux : premièrement, le grand zygomatique qui s'étend le long de la pommette et soulève les coins de la bouche, et deuxièmement, la partie extérieure du muscle orbiculaire qui gravite autour de l'œil et est impliquée dans « l'abaissement des sourcils et de la peau située sous les sourcils, et le soulèvement de la peau sous l'œil et des pommettes[7] ».

Les sourires artificiels n'impliquent que le grand zygomatique. Pourquoi ? Nous pouvons contrôler ce muscle, mais nous n'avons aucune prise sur la partie utile du muscle orbiculaire. Il se contracte spontanément et seulement quand nous ressentons vraiment de la joie. Comme Duchenne le remarquait : « L'émotion de joie franche s'exprime sur le visage par la contraction du muscle grand zygomatique et du muscle orbiculaire. Le premier obéit à la volonté mais seules les douces émotions de l'âme font naître le second[8]. »

En d'autres termes, pour repérer un sourire hypocrite, regardez les yeux. Si l'extérieur du muscle orbiculaire ne se contracte pas, la personne qui sourit aux anges devant vous est un imposteur.

Voici un exemple : deux photos souriantes de votre serviteur.

Pouvez-vous dire sur quelle photo j'arbore un sourire trompeur et sur laquelle je ris à un trait d'esprit de ma femme ? Ce n'est pas évident, mais, si vous regardez mes yeux avec attention, vous trouverez la réponse. La seconde photo dénote une joie sans réserve. Les sourcils sont un peu plus bas. La peau sous les yeux tend légèrement vers le haut et les yeux sont plus étroits. À vrai dire, si vous ne regardez que les yeux et couvrez les reste de mon visage, la réponse est encore plus

nette. Vous ne pouvez pas simuler un sourire de Duchenne. Et autant il est possible d'améliorer ses pouvoirs empathiques, autant il est impossible de feindre l'empathie.

De tout nouveaux services médicaux

L'empathie n'est pas une compétence isolée. Elle est reliée aux trois aptitudes high concept et high touch dont j'ai déjà parlé. L'empathie est un élément essentiel du design, parce que les bons designers se glissent dans l'esprit de la personne qui expérimentera le produit ou le service qu'ils conçoivent. (Il n'est donc pas surprenant que l'une des références données dans le portfolio sur l'empathie provienne d'un bureau de design.) L'empathie est liée à la symphonie, parce que les personnes empathiques comprennent l'importance du contexte. Elles voient la personne dans son intégralité, comme les penseurs symphoniques ont une vue d'ensemble des choses. Enfin, la compétence narrative implique elle aussi l'empathie. Comme nous l'avons vu dans la partie consacrée à la médecine narrative, les histoires sont des chemins qui mènent à l'empathie, surtout pour les médecins.

> **« Faire confiance à son intuition, c'est comme aller à la pêche. »**
>
> — PAUL SIMON

Mais l'empathie façonne la médecine de manière plus directe. Plusieurs de ses praticiens les plus réputés aspirent à une évolution de l'approche médicale, qu'elle passe « du détachement à l'intérêt puis à l'empathie », selon les mots du bioéthicien Jodi Halpern. Le détachement scientifique n'est pas mauvais, clament-ils. Il est insuffisant. Comme je l'ai mentionné, la plupart des pratiques médicales ont été standardisées, réduites à une série de formules répétables à souhait afin de diagnostiquer et de soigner les diverses maladies. Bien que certains médecins aient critiqué cette orientation et l'aient qualifiée de « médecine de cuisine », elle comporte de nombreux points forts. La médecine qui s'appuie sur des règles s'est construite sur les témoignages cumulés de centaines, voire de milliers de cas. Elle permet de s'assurer que les professionnels de la médecine ne réinventent pas la roue thérapeutique à chaque patient. Les ordinateurs sont capables d'accomplir une partie du travail. Par contre, ils sont incapables d'être empathiques : souvenez-vous, dès qu'il s'agit de rapports humains, les ordinateurs sont « autistes ».

L'empathie peut représenter une force immense en médecine. Par exemple, il y a quelques années, deux postiers se plaignant des mêmes symptômes se sont rendus dans des centres médicaux différents. L'un a dit à son médecin qu'il se sentait fourbu, malade. Il croyait avoir été exposé à l'anthrax, substance que l'on avait récemment découverte dans le service postal où il travaillait. Le médecin a téléphoné aux départements de santé publique appropriés qui lui ont annoncé que son patient ne courait aucun risque d'avoir été contaminé et qu'il n'avait pas besoin de lui prescrire d'antibiotiques. Il a donc suivi les consignes et a renvoyé son patient chez lui avec une ordonnance de paracétamol. Quelques jours plus tard, son patient est mort... de l'anthrax. Pendant ce temps, l'autre postier s'est rendu aux urgences d'un autre hôpital, à quelques kilomètres de là. Un médecin, qui ignorait tout du premier patient, a examiné le salarié et a diagnostiqué une pneumonie. À ce moment-là, l'homme lui a appris qu'il travaillait au service postal sur lequel planait une menace d'anthrax. Elle a ordonné un autre test et, même si elle doutait qu'il ait contracté la maladie, un détail l'obsédait. Au cas où, elle a donné à l'homme une ordonnance pour un antibiotique prescrit contre l'anthrax. Et, au lieu de le renvoyer chez lui, comme elle l'avait initialement prévu, elle l'a gardé à l'hôpital et l'a confié à un spécialiste des maladies infectieuses. C'était bel et bien un cas d'anthrax. Et il s'est avéré que l'écoute empathique, l'intuition et la volonté du médecin de s'écarter des règles ont fait la différence entre la vie et la mort. « J'ai simplement écouté mon patient, a-t-elle répondu au *Wall Street Journal*. Il m'a dit : "Je connais mon corps et je sais que quelque chose ne tourne pas rond." » L'empathie – la capacité de son médecin à subodorer ce qu'autrui ressent – lui a sauvé la vie.

« Les médecins expriment de l'empathie non seulement en notant précisément ce que ressentent leurs patients, mais grâce à leur rythme, au ton de leur voix, à leurs pauses et à leur harmonisation générale au style affectif de leur patient, prétend Halpern. L'empathie complète le savoir objectif, la technologie et d'autres outils dans la délivrance de diagnostics précis[9]. » À mesure que cette nouvelle vision des soins gagne du terrain, la capacité empathique s'installe aux premiers rangs de la profession médicale. Elle ouvre la voie à une nouvelle génération de professionnels des soins médicaux, à l'image de ce médecin des urgences, des gens qui savent combiner un certain détachement par rapport aux règles de base et une empathie fondée sur l'émotion pour former une toute nouvelle médecine.

Aux États-Unis, la commission qui accrédite les écoles de médecine fait aujourd'hui de la communication effective et empathique avec les patients un facteur essentiel dans l'évaluation globale des étudiants. Pur bon sens, me direz-vous, mais dans la profession médicale en majorité de type G, il s'agit là d'un profond changement. En parallèle, une comédienne se rend dans toutes les écoles de médecine du pays afin de donner un cours appelé « L'art de l'empathie ». Elle enseigne aux futurs médecins à utiliser des indices non verbaux, comme les expressions faciales, l'intonation, le langage corporel, mais aussi d'autres techniques théâtrales pour mieux comprendre ce qui perturbe les patients et pour mieux les rassurer. Les étudiants de la Vanderbilt University School of Medicine suivent des cours où ils apprennent à parler de leurs erreurs et à s'excuser[10]. Et le Jefferson Medical College de Philadelphie, que j'ai mentionné au chapitre 3, a même développé une mesure de cette aptitude : la *Jefferson Scale of Physician Empathy* (JSPE)*.

Bien que relativement nouvelle, cette échelle a donné des résultats surprenants. Et on a remarqué que les scores élevés au test d'empathie correspondaient généralement à de bonnes notes en soins cliniques. En résumé, partant sur les mêmes bases, un patient a plus de chances d'aller mieux avec un médecin empathique qu'avec un médecin indifférent. Qui plus est, les scores du test d'empathie n'ont aucun rapport avec l'examen d'entrée en faculté de médecine ou les diplômes d'études de médecine, ce qui signifie que les mesures traditionnelles d'aptitude ne servent pas nécessairement à déterminer qui est meilleur médecin[11].

* Échelle Jefferson d'empathie des médecins.

Les différences entre ceux qui ont obtenu un score élevé au JSPE et les autres étaient également intéressantes. Les femmes, ainsi que certaines catégories de professionnels des services médicaux, ont en général obtenu de meilleurs résultats. Par exemple, ceux des infirmières étaient (bien) meilleurs que ceux des médecins ayant des spécialités hospitalières[12].

La plus large reconnaissance du rôle de l'empathie dans les soins explique pourquoi la profession d'infirmière sera l'un des piliers du monde du travail de l'ère conceptuelle. Les infirmières ne se contentent pas de montrer de l'empathie, bien sûr. Mais l'intelligence émotionnelle qu'elles apportent à leurs soins correspond précisément à ce qu'il est impossible de sous-traiter ou d'automatiser. Les radiologues de Bangalore lisent les radiographies, mais l'empathie (toucher, présence, réconfort) passe mal par les câbles en fibre optique. Et vu le vieillissement de la population dans le monde avancé, la demande en infirmières est de plus en plus forte. Aux États-Unis, ce secteur sera le premier créateur d'emplois dans la prochaine décennie. Les infrastructures médicales auront besoin d'un million d'infirmières supplémentaires[13]. Les infirmières se plaignent d'être débordées et de devoir jongler avec plusieurs patients, mais leur nature empathique inspire une grande estime. Selon un sondage annuel Gallup, aux États-Unis, ce métier est considéré comme l'un des plus honnêtes et éthiques, et les salaires augmentent plus vite que dans n'importe quelle autre catégorie professionnelle[14].

L'augmentation de l'empathie a même des répercussions sur les orientations de carrière. Dans une récente enquête sur les cadres en informatique australiens, 90 % déclarent qu'ils ne recommanderaient pas à leurs enfants de faire carrière dans le domaine du génie logiciel, royaume de la pensée G. Que leur conseilleraient-ils alors ? « Je préférerais que mes enfants choisissent le métier d'infirmière, affirme

James Michaels qui travaille dans une entreprise de télécommunications à Sydney. La demande est à la fois globale et locale[15]. »

Les hommes, les femmes et l'empathie

Qui est le plus empathique ? L'homme ou la femme ? La réponse politiquement correcte serait ni l'un ni l'autre, l'empathie dépend de l'individu. Et, dans une certaine mesure, c'est vrai. Cependant, d'importantes recherches remettent en cause cette vision. Des dizaines d'études, par exemple, ont montré que les femmes étaient en général plus douées pour lire les expressions faciales et repérer les menteurs[16]. Dès l'âge de trois ans, les filles sont meilleures à déduire les pensées des autres et à deviner les émotions à partir de l'expression du visage[17]. Voici le résumé du psychologue David G. Meyers :

> Lors d'un sondage, les femmes se décrivent volontiers comme des personnes empathiques, capables de se réjouir avec ceux qui se réjouissent et de pleurer avec ceux qui pleurent. Dans une plus faible mesure, le décalage empathique entre hommes et femmes s'étend aux comportements observés. Les femmes ont davantage tendance à pleurer ou à affirmer que la détresse d'autrui les peine. Cette différence aide à expliquer pourquoi hommes et femmes prétendent que l'amitié des femmes est plus intime, plus agréable et plus riche que l'amitié des hommes. Lorsqu'ils recherchent de l'empathie et de la compréhension, hommes et femmes se tournent en général vers des femmes[18].

Simon Baron-Cohen, psychologue à Cambridge University, avance une théorie pour expliquer ce décalage entre hommes et femmes. Il l'expose clairement en page un de son livre paru en 2003, *The*

Essential Difference : « Le cerveau féminin est en majeure partie câblé sur l'empathie. Le cerveau masculin est en majeure partie câblé sur les systèmes de compréhension et de construction[19]. »

Baron-Cohen s'empresse d'ajouter que les femmes n'ont pas toutes un cerveau « féminin » et que les hommes n'ont pas tous un cerveau « masculin ». Mais il rassemble un bon nombre d'arguments en faveur du point suivant : les hommes sont plus nombreux à avoir un cerveau qui systématise, et les femmes un cerveau qui comprend ce que ressent autrui[20]. Les différences entre ces deux modes de pensée, comme les décrit Baron-Cohen, sont intrigantes. « Systématiser implique l'exactitude, une excellente attention aux détails locaux », et une attirance pour les règles fixes indépendantes de tout contexte, dit-il. « Pour systématiser, vous avez besoin de détachement[21]. » (Baron-Cohen décrit l'autisme comme une forme « extrême » de la masculinité.)

« L'humanité a reçu un grand don : le pouvoir d'empathie. »

— MERYL STREEP

L'empathie est différente. « Pour être empathique, vous avez besoin d'un certain degré d'attachement afin de reconnaître que vous interagissez avec une personne et non un objet, une personne dont les sentiments touchent les vôtres. » L'empathie, prétend-il, « implique de l'inexactitude (on ne peut être qu'approximatif quand on juge l'état mental d'un tiers), de l'attention à l'ensemble (ce qu'on croit penser de quelqu'un, ce qu'on croit ressentir pour quelqu'un), du contexte (un visage, une voix, une action, une histoire, sont des informations essentielles pour déterminer l'état mental d'une personne), sans aucune perspective de légitimité (ce qui la rendait joyeuse hier ne la ravira peut-être pas demain)[22] ».

Lisez une nouvelle fois ces descriptions. Le cerveau masculin s'apparente un peu à la pensée G. Et le cerveau féminin s'apparente beaucoup à l'approche high concept et high touch de la pensée D. (Les deux modes de pensée ressemblent aux approches des deux médecins qui ont traité les patients atteints d'anthrax. Il se trouve que l'un était un homme, l'autre une femme.)

Cela signifie-t-il que nous devons tous entrer en contact avec le côté féminin de notre cerveau – surtout ceux d'entre nous qui ont des bras poilus et une voix grave ? Oui. Mais cela ne signifie pas qu'il faille rejeter le côté systématisant de notre cerveau. L'empathie n'est ni une déviation de l'intelligence, ni la seule route qui y mène. Parfois, nous avons besoin de détachement, d'autres fois d'harmonisation. Les personnes qui prospéreront seront celles qui sauront caboter entre les deux. Et, comme nous l'avons vu et revu, l'ère conceptuelle requiert des esprits androgynes.

PORTFOLIO

Design

Histoire

Symphonie

Empathie

Jeu

Sens

Se tester

Les psychologues ont développé une batterie de tests destinés à mesurer l'empathie individuelle et ses qualités parentes. Nombre de ces tests, disponibles gratuitement sur le web, sont à la fois une excellente introduction au sujet et une manière amusante d'en apprendre plus long sur soi-même. Attention, amateurs de tests ! Le web est rempli d'autoévaluations qui, pour la plupart, ont la validité scientifique de la phrénologie. Commencez donc votre régime par les sites suivants (la plupart en anglais) :

Quotient d'empathie : Mesurez votre QE avec cet appareil de soixante questions (en anglais uniquement) élaboré par Simon Baron-Cohen qui déterminera si vous avez un « cerveau féminin ». Si vous souhaitez vérifier la bonne foi de votre « cerveau masculin », prenez le temps de mesurer votre quotient systématisant ou QS. Comme le dit Baron-Cohen lui-même, ces tests déterminent une moyenne et ne sont pas à prendre trop au sérieux !

(*Pour plus d'informations* : www.eqsq.com)

Impossible d'échapper au test ultime, le « test QE : central QE », qualifié de test de recrutement. À noter qu'il est possible d'obtenir un rapport personnalisé et une méthode pour améliorer son QE contre espèces sonnantes et trébuchantes.

(*Pour plus d'informations* : www.test-emploi.com/evaluation/test-qe.php)

Repérer un sourire artificiel : Essayez ce test de la BBC d'une dizaine de minutes et en vingt questions pour voir si vous savez faire la différence entre un vrai et un faux sourire.

(*Pour plus d'informations* : www.tinyurl.com/2u7sh)

***Test* « Mind in the Eye »** : Cet autre test de Simon Baron-Cohen mesure votre capacité à identifier une expression faciale à partir des yeux d'une personne.

(*Pour plus d'informations* : www.tinyurl.com/277vm)

Test d'intelligence émotionnelle Mayer-Salovey-Caruso : Il s'agit probablement du test d'intelligence émotionnelle le plus respecté à travers le monde en ce moment. Mais, à la différence des autres mentionnés ci-dessus, il faut payer pour le passer. Ce n'est pas l'endroit où commencer vos recherches, mais c'est une option intéressante pour ceux qui désirent creuser le sujet. Et c'est peut-être une garantie de sérieux ?

(*Pour plus d'informations* : www.emotionalintelligencemhs.com/MSCEIT.htm)

Étudier Ekman

Comme je l'ai fait remarquer plus haut dans ce chapitre, le principal expert mondial en expressions faciales se nomme Paul Ekman. Si vous maîtrisez suffisamment bien l'anglais, étudiez ses travaux.

(*Pour plus d'informations* : www.paulekman.com)

Vous pouvez aussi vous procurer les ouvrages de Joseph Messinger, qui s'intéresse plus particulièrement au langage du corps.

Jouer à « Quelle vie ? »

IDEO est l'un des bureaux de design les plus respectés au monde, *le* créateur de ces brosses à dents au gros manche pour les enfants, de la première souris d'Apple en passant par le Palm V. Comment font-ils ? Leur secret ferait blêmir un MBA : l'empathie. Dans l'univers IDEO, le grand design ne commence pas par un dessin sympa ou un gadget formidable. Il commence par une compréhension profonde et empathique des gens. Voici un exercice d'empathie que j'ai appris quand j'ai visité le QG d'IDEO à Palo Alto en Californie :

Demandez à quelqu'un dans votre entreprise de vous prêter son porte-monnaie, sa serviette ou son sac à dos. Demandez aussi à cette personne d'enlever tout ce qui comporte son nom à l'intérieur. Puis réunissez un groupe de six ou sept collègues et passez en revue le contenu, sans savoir à qui appartient l'objet, afin de déterminer quel genre de vie – privée, professionnelle, émotionnelle – cette personne mène. Par exemple, le sac est-il rempli d'affaires en vrac ou est-il dépouillé et soigné ? Est-ce que tout a un rapport avec le travail ou certains objets indiquent-ils une vie de famille ou d'autres centres d'intérêt ? Quelle somme contient le porte-monnaie ? Cette personne possède-t-elle des photos ? Examinez chaque détail tel un archéologue. Peu à peu, vous commencez à imaginer la vie de cette personne. Cadeau Bonux : on s'amuse beaucoup.

IDEO a aussi réuni d'autres techniques et les a imprimées sur cinquante et une grandes cartes qui sont disponibles en ligne au prix de 49 dollars. Ces cartes de méthode IDEO passent en revue un panel de stratégies empruntées à l'anthropologie, la psychologie, la biomécanique et d'autres disciplines, afin de placer l'empathie au centre du processus conceptuel. Comme des cartes à jouer conventionnelles, ces cartes de méthode sont classées en quatre « familles » qui représentent quatre méthodes d'empathie : apprendre, regarder, demander et essayer. Chaque carte est consacrée à une technique particulière avec une photo d'un côté et, de l'autre, un résumé sur la manière dont IDEO a appliqué cette technique. Presque aussi amusant que fouiller le sac de son collègue !

(*Pour plus d'informations* : www.ideo.com)

Prendre un cours de théâtre

Aux États-Unis, un nombre croissant de médecins cherchent à accroître leur empathie envers leurs patients en prenant des cours de théâtre. Je sais, cela paraît équivoque, voire fourbe. Mais qu'est-ce qu'un acteur ? C'est quelqu'un qui s'efforce d'habiter l'esprit et le cœur d'une autre personne. Par conséquent, le jeu est une excellente manière de comprendre les émotions et les expressions émotionnelles. La plupart des universités et des foyers municipaux américains proposent des cours du soir.

Se porter volontaire

Une autre manière d'aiguiser vos pouvoirs empathiques est de vous porter volontaire quelque part dans votre quartier. Votre geste aidera des personnes dont le vécu est très éloigné du vôtre. Si vous choisissez un foyer pour sans-abri par exemple, il vous sera très difficile de ne pas vous mettre à la place de ces malheureux. Voir un autre être humain dans la détresse affûtera vos pouvoirs d'empathie. Bien entendu, ce n'est pas la raison qui vous poussera à le faire. C'est un bienfait accessoire à quelque chose de bien plus vertueux : aider un autre être humain.

8

JEU

Pourquoi cet homme rit-il ?

L'explication est plus compliquée qu'il n'y paraît. Il s'agit de Madan Kataria, médecin à Bombay, en Inde. Le Dr Kataria aime beaucoup rire. En fait, il croit que le rire fonctionne comme un virus bienfaisant capable de contaminer les individus, les sociétés, voire les nations. Il y a quelques années, il a décidé de restreindre sa pratique de la médecine et s'est rebaptisé Mary Typhoïde du rire *. Sa mission ? Déclencher une épidémie internationale de rire qui, selon lui, améliorera notre santé, accroîtra nos bénéfices et propagera peut-être la paix dans le monde. Son mode de transmission ? Des clubs de rire composés de petits groupes de personnes qui se rassemblent tous les matins de bonne heure dans des parcs, des squares, des centres commerciaux et qui passent une demi-heure à rire.

Le projet de Kataria peut prêter à... rire. Mais si vous visitez un de ses clubs, comme je l'ai fait un petit matin humide à Bombay, vous constaterez qu'il a insufflé de la méthode dans son hilarité. Aujourd'hui, environ deux mille cinq cents clubs de rire se réunissent régulièrement à travers le monde. La plupart sont en Inde – la ville de Bombay en compte une centaine à elle seule. Quant au havre high-tech de Bangalore, il en dénombre encore plus. L'épidémie s'est propagée en Occident, au Royaume-Uni, en Allemagne, en Suède, en Norvège, au Danemark, au Canada. Il en existe plusieurs centaines aux États-Unis. En fait, le lieu de contamination le plus rapide s'avère être le bureau.

Je reviendrai plus tard dans ce chapitre sur ce gourou autoproclamé du gloussement. Sa popularité à l'échelle mondiale et, surtout, l'acceptation progressive des clubs de rire au travail révèlent une autre dimension importante de l'ère conceptuelle. On s'éloigne du sérieux

* Née en 1869 et morte en 1938, celle que l'on a surnommée Mary Typhoïde s'appelait en réalité Mary Mallon. Elle fut la première personne aux États-Unis identifiée comme porteur sain de la fièvre typhoïde. Elle était cuisinière et contamina trente-deux personnes dont deux moururent de la fièvre.

et de la sobriété comme mesure de compétence, et l'on s'élève vers le prochain concept essentiel, la prochaine compétence de haut niveau : le jeu. « Le but de ces clubs de rire est d'être plus joueur, m'a déclaré Kataria. Quand vous jouez, vous activez le côté droit de votre cerveau. Le cerveau logique est un cerveau limité, alors que l'hémisphère droit est illimité. Libre à vous d'être qui vous voulez. »

Comparons le mouvement Kataria et ses clubs de rire sur les lieux de travail à la Ford Motor Company des années 1930 et 1940. Dans l'usine Ford de River Rouge, le rire était une faute passible de mesures disciplinaires, tandis que chantonner, siffloter et sourire étaient des preuves d'insubordination, comme le raconte le Britannique David Collinson, spécialiste en gestion.

En 1940, John Gallo a été renvoyé parce qu'il a été « surpris en train de sourire », après avoir commis une première entorse en « riant avec des collègues », ce qui avait « retardé la chaîne d'une trentaine de secondes ». Cette discipline stricte reflète la philosophie générale d'Henry Ford qui avait déclaré : « Quand nous sommes au travail, nous devons travailler. Quand nous nous amusons, nous devons nous amuser. Il ne sert à rien de mélanger les deux[1]. »

« Le contraire de jouer n'est pas travailler. C'est déprimer. Jouer signifie s'extérioriser, être volontaire, exulter, s'engager comme si l'on était sûr de son avenir. »

— BRIAN SUTTON-SMITH,
professeur (émérite) d'éducation, université de Pennsylvanie

Travail et jeu, d'après Ford, constituaient un mélange toxique. S'ils n'étaient pas mis en quarantaine, l'un empoisonnerait l'autre. Mais dans l'ère conceptuelle, alors que l'abondance a libéré les entreprises de la grisaille post-Dépression qui étreignait l'usine de River Rouge, mêler travail et jeu est devenu plus commun, voire nécessaire. Parfois, il s'agit même d'une stratégie corporative explicite. Prenez l'industrie aérienne : Southwest Airlines est l'une des compagnies les plus prospères, qui engrange des profits réguliers, alors que la plupart de ses concurrents sont au bord de la faillite. Le cahier des charges de la compagnie permet de comprendre cette performance extraordinaire. « Les gens qui réussissent sont ceux qui prennent plaisir à travailler. » Il s'agit là d'un virage à 180° par rapport à l'absence obligatoire de joie de Ford. Ne croyez pas qu'il n'y ait qu'une compagnie américaine loufoque qui complète son éthique du travail par une éthique ludique[2]. Selon le *Wall Street Journal*, plus de cinquante compagnies européennes, y compris des firmes parmi les moins farfelues comme Nokia, Daimler-Chrysler et Alcatel, ont fait appel à des consultants en « jeu sérieux », une technique qui utilise des blocs de Lego pour entraîner leurs cadres[3]. British Airways a même embauché son propre « bouffon d'entreprise » pour propager dans la société un plus grand sens de l'amusement[4].

Comme ses cinq sens apparentés, le jeu émerge des ombres de la frivolité et assume sa place au grand jour. *Homo ludens* (l'homme qui joue) devient aussi efficace au travail que *Homo sapiens* (l'homme qui sait). Le jeu prend une place capitale dans le travail, les affaires et le bien-être personnel. Son importance se manifeste de trois manières : divertissement, humour et gaieté. Le divertissement, en particulier sur les consoles de jeux et les ordinateurs, est devenu un secteur influent qui donne des leçons de « bicérébralisme » à ses clients et recrute une nouvelle espèce d'employé bicérébral. L'humour s'avère être un repère précis de l'efficacité manageriale, de l'intelligence émotionnelle et du mode de pensée caractéristique de l'hémisphère droit. La gaieté, comme l'illustre le rire inconditionnel, a le pouvoir de nous rendre plus productifs, plus épanouis. Dans l'ère conceptuelle, comme nous le verrons, l'amusement et les jeux ne sont pas ce qu'ils semblent être. Et le rire ne donne pas forcément matière à rire.

Divertissement

Voici une image tirée d'un jeu vidéo populaire nommé *America's Army* :

AFP. GETTY IMAGES

Les joueurs évoluent dans un environnement hostile. Il faut zigouiller les méchants tout en essayant de ne pas y rester. On gagne des points chaque fois qu'on coince des soldats ennemis et qu'on protège son camp. Ce format et cette structure se retrouvent dans tous les jeux de ce genre. Voici la question : quelle compagnie fabrique ce jeu ? Nintendo ? Sega ? Electronic Arts ? Non. L'organisme qui a créé, manufacturé et distribué *America's Army* s'appelle… l'armée américaine. Oui, la force militaire des États-Unis.

Il y a quelques années, le colonel Casey Wardynski, professeur à West Point, spécialiste des effectifs militaires, réfléchissait à la manière de relancer le recrutement des forces armées qui avait subi une érosion dramatique. Comme le service militaire n'était plus obligatoire depuis les années 1970 et que le nombre de militaires avait diminué après la guerre froide, les recrues potentielles étaient moins au courant que leurs aînés du fonctionnement des forces armées. Alors qu'il ruminait son problème, Wardynski a remarqué que les cadets à qui il enseignait à West Point étaient obsédés par les jeux vidéo. Dans un flash d'inspiration produit par son hémisphère droit, il a entrevu une solution possible.

Et si, s'est demandé Wardynski, les militaires essayaient d'atteindre les jeunes dans leur monde – les PlayStations, les Xboxes et autres ordinateurs personnels ? Puisque les pubs télévisées vaporeuses et les entretiens en tête à tête ne donnaient pas aux recrues un aperçu suffisamment convaincant de la réalité du service militaire, peut-être l'armée pouvait-elle créer un jeu vidéo pour, comme le dit si bien Wardynski, remplacer ses méthodes traditionnelles par « des expériences virtuelles donnant [aux jeunes] un avant-goût indirect » de la vie militaire. Il a soumis son projet aux pontes du Pentagone qui, préoccupés par la pénurie de personnel, étaient prêts à tout essayer. Le Pentagone a donné à Wardynski un budget conséquent pour qu'il élabore un jeu engageant et stimulant qui véhiculerait, selon lui, la substance de la vie militaire. Durant un an, son équipe de la Naval Postgraduate School et lui, aidés par plusieurs programmeurs et artistes, ont conçu *America's Army* avant de le lancer gratuitement sur le site web GoArmy.com le 4 juillet 2002. Le premier week-end, la demande a été si forte que les serveurs de l'armée ont explosé. Aujourd'hui, ce jeu, qui est aussi distribué sur CD-Rom dans les bureaux de recrutement et les magazines spécialisés, enregistre plus de deux millions d'utilisateurs. Sur un week-end normal, près d'un demi-million de personnes assises devant l'écran de leur ordinateur exécute plusieurs missions militaires simulées[5].

America's Army affirme être différent des nombreux autres jeux de guerre parce qu'il met l'accent sur la « coopération, les valeurs et la responsabilité comme moyens de parvenir à son but ». Les joueurs commencent par recevoir un entraînement de base, continuent par des jeux à plusieurs participants où ils travaillent en petites unités, et, s'ils s'en sortent avec succès, deviennent bérets verts. La plupart des missions se font en équipe – secourir un prisonnier de guerre, protéger un pipeline, contrecarrer une vente d'armes à des terroristes. Les joueurs gagnent des points quand ils tuent des ennemis, mais aussi quand ils protègent d'autres soldats ou achèvent une mission sans aucune perte humaine. Si vous tentez une action stupide, par exemple abattre des civils ou ignorer les ordres, vous pouvez finir dans une prison virtuelle ou être tout bonnement banni du jeu. Et comme tout producteur qui a trouvé la poule aux œufs d'or, l'armée américaine travaille sur une suite, une nouvelle édition du jeu intitulée *America's Army : Special Forces.*

Cela devrait calmer ceux qui pensent que le jeu vidéo est réservé aux spécialistes d'informatique. La réalité est plus surprenante : tout comme General Motors est dans le business de l'art, l'armée américaine se situe dans le business du jeu. (En effet, si elle avait vendu sa trouvaille au prix du marché, l'armée aurait empoché environ 600 millions de dollars* la première année[6].)

> **« Les jeux sont la forme la plus élevée d'investigation. »**
>
> — ALBERT EINSTEIN

L'intérêt des militaires pour les jeux vidéo n'est qu'un exemple parmi d'autres de l'influence de ces derniers. Depuis leurs humbles débuts il y a trente ans, quand *Pong*, l'un des tout premiers, a fait son apparition dans les salles de jeux d'arcade, les jeux vidéo (que l'on trouve sur les ordinateurs, le web et

* Environ 440 millions d'euros.

des supports spécialisés comme la PlayStation et la Xbox) sont un secteur en plein essor et font partie intégrante de notre quotidien. Ainsi :

- La moitié des Américains âgés de plus de six ans jouent sur ordinateur ou sur console. Chaque année, les Américains achètent plus de 220 millions de jeux, soit presque deux par foyer. Et pour ceux qui croient que les jeux sont un passe-temps requérant un chromosome Y, aujourd'hui environ 40 % des joueurs sont... des joueuses[7].
- Aux États-Unis, le business des jeux vidéo est plus important que l'industrie du cinéma. Les Américains dépensent plus en jeux vidéo qu'en billets de cinéma. En moyenne, les Américains consacrent soixante-quinze heures par an aux jeux vidéo, soit deux fois plus qu'en 1977. Ils passent beaucoup moins de temps devant les DVD et les VHS[8].
- Une société de jeu, Electronic Arts, est aujourd'hui cotée par le Standard & Poor's 500 Index*. En 2003, EA a gagné 2,5 milliards de dollars, plus que le revenu additionné des dix meilleurs films de l'année. La série de jeux vidéo *Mario* chez Nintendo a engrangé plus de 7 milliards ** de dollars depuis son lancement, soit deux fois plus que tous les *Star Wars*[9].

Cependant, à moins qu'ils ne vivent dans une maison remplie d'adolescents aux pouces hyperactifs, nombreux sont les adultes qui ne comprennent pas franchement la signification de ces jeux. Pour une génération entière, ils sont pourtant un outil de résolution de

* S &P 500, composé de cinq cents valeurs américaines cotées à la Bourse de New York et choisies selon leur capitalisation boursière, leurs liquidités et leur secteur d'activité.
** Respectivement 1,8 et 5 milliards d'euros.

problèmes, ainsi qu'un moyen d'expression et d'exploration de soi. Les jeux vidéo sont ancrés dans leur vie comme la télé l'était dans celle de leurs prédécesseurs. Par exemple, suivant plusieurs études, 100 % des étudiants américains affirment jouer[10]. Sur les campus, vous trouverez plus facilement une rainette aux yeux rouges inscrite en première année de maths qu'un deuxième année qui ne s'est jamais essayé à *Mist, Grand Theft Auto* ou *Sim City*. Comme l'écrivent deux professeurs de Carnegie Mellon University : « Régulièrement, nous questionnons nos cinquante étudiants sur les médias, et, en général, il n'y a pas un seul film qu'ils aient tous vu (par exemple, seul un tiers a regardé *Casablanca*). Côté jeux vidéo, aucun problème, tous se sont amusés sur *Super Mario Bros*, etc.[11] »

Certaines personnes – ceux de ma génération par exemple – trouvent ce genre d'informations désespérantes. Ils craignent que chaque minute passée joystick en main représente un pas en arrière pour l'intelligence individuelle et le progrès social. Mais c'est se méprendre sur le pouvoir de ces jeux. En fait, James Paul Gee, professeur à l'université du Wisconsin et auteur de *What Video Games Have to Teach Us About Learning and Literacy**, soutient que les jeux peuvent être la machine à apprendre par excellence. « [Les jeux vidéo] intègrent dans leur design et encouragent de bons principes d'apprentissage, des principes meilleurs que ceux inculqués par nombre de nos écoles, du genre “testons-les jusqu'à ce qu'ils tombent comme des mouches”[12]. » Voilà pourquoi tant de personnes achètent des jeux vidéo et passent de cinquante à cent heures à les maîtriser, soit environ un semestre universitaire[13]. Comme l'écrit Gee : « Quand les enfants jouent aux jeux vidéo, ils peuvent faire l'expérience d'une forme d'apprentissage bien plus puissante qu'en classe. Apprendre

* « Ce que les jeux vidéo ont à nous apprendre sur les études et l'alphabétisation ».

n'est pas mémoriser des faits isolés. Apprendre, c'est relier les faits et les manipuler[14]. »

« Le jeu sera au XXIe siècle ce que le travail était à la société industrielle ces trois cents dernières années : notre manière dominante de connaître la valeur, de la faire et de la créer. »

— PAT KANE, The Play Ethic

En effet, des dizaines d'études montrent que les jeux vidéo aiguisent des talents qui sont vitaux sous l'ère conceptuelle. Exemple : l'une d'entre elles, datant de 2003 et publiée dans le journal *Nature*, a mis en avant une quantité d'avantages au jeu. Lors de tests de perception visuelle, les joueurs ont eu des résultats 30 % supérieurs à ceux des non-joueurs. Les jeux vidéo améliorent la capacité individuelle à détecter les changements contextuels et à traiter des informations simultanément[15]. Même les médecins trouveraient des bienfaits à passer un peu de temps sur une console. Une étude a montré que des médecins spécialisés en chirurgie coelioscopique qui « passaient au moins trois heures par semaine à faire des jeux vidéo faisaient environ 35 % d'erreurs en moins et travaillaient 27 % plus vite que leurs pairs qui ne jouaient pas[16] ». Une autre étude a même trouvé que jouer aux jeux vidéo au travail augmentait la productivité et améliorait le plaisir de travailler[17]. Il est aussi prouvé que les jeux vidéo facilitent les capacités du cerveau à résoudre des problèmes qui sollicitent la reconnaissance de schémas[18]. De nombreux aspects des jeux vidéo ressemblent aux aptitudes symphoniques : repérer des tendances, établir des liens, avoir une vue ensemble. « Il faut que les gens réfléchissent sur des systèmes complexes (les lieux de travail modernes, l'environnement, les relations internationales, les cultures, etc.) dans lesquels tout est interconnecté et interagit de manière complexe et où les mauvaises décisions aboutissent à des désastres », affirme Gee. Les ordinateurs et les jeux vidéo peuvent nous l'apprendre. En outre, la catégorie la plus en vogue n'est pas les jeux de guerre comme *America's Army*, mais les jeux de rôle qui demandent aux participants d'endosser l'identité d'un personnage et de regarder ce monde virtuel à travers les yeux de ce protagoniste. Ce genre de jeux de simulation peut augmenter la capacité empathique de l'individu et lui donne la possibilité de s'entraîner aux interactions sociales de l'existence.

Les jeux atteignent peu à peu le domaine médical. Par exemple, *GlucoBoy*, qui s'installe sur une Game Boy Nintendo, permet aux enfants diabétique de gérer leur taux de sucre. Au Virtual Reality Medical Center de Californie, les thérapeutes traitent les phobies et autres troubles de l'anxiété à l'aide de jeux vidéo qui simulent la conduite, le vol en avion, la hauteur, des endroits réduits et d'autres situations suscitant la peur.

Bien entendu, les jeux ne sont pas parfaits. Certains soulignent une corrélation entre le jeu et le comportement agressif, mais le lien causal n'a jamais vraiment été démontré. Par ailleurs, certains jeux sont une véritable perte de temps. Les jeux vidéo sont bien plus valables que les parents hyperstricts et les moralistes attachés aux valeurs familiales traditionnelles veulent bien le croire. Les compétences qu'ils développent sont particulièrement bien adaptées à une époque qui dépend de l'hémisphère droit du cerveau.

Passe-temps pour des millions d'adeptes, le jeu devient une vocation pour des centaines de milliers de personnes, une vocation particulièrement bicérébrale. L'employé idéal, déclare un recruteur de l'industrie du jeu, sait « combler le fossé entre cerveau gauche et cerveau droit[19] ». Les entreprises résistent au cloisonnement des disciplines (art, programmation informatique, maths, psychologie cognitive) et cherchent à embaucher des personnes capables d'assembler de multiples aspects de différentes disciplines pour obtenir un résultat final plus ambitieux. La maturation des jeux et la délocalisation des travaux routiniers de programmation vers l'Asie ont amené le secteur à se modifier. Comme l'écrit un chroniqueur spécialisé : « Ce n'est pas de codeurs dont on a besoin, mais d'artistes, de producteurs, de conteurs et de designers… » « Les codes ne suffisent plus, affirmait un [développeur de logiciels de jeux]. Ce qui compte, c'est le support artistique[20]. »

Voilà pourquoi plusieurs écoles d'art proposent désormais des licences en art et design du jeu. Le DigiPen Institute of Technology, près de Seattle, qui présente un diplôme de jeux vidéo sur quatre ans, « s'apparente, selon les termes de *USA Today*, à Harvard pour les lycéens accros du joystick ». The School of Cinema-Television, école réputée de l'université de Californie du Sud (USC), propose actuellement une maîtrise d'art en étude des jeux. « Quand l'USC a lancé une école cinématographique il y a soixante-quinze ans, il y avait déjà des sceptiques, se souvient Chris Swain qui enseigne le design du jeu à l'USC. Nous croyons que les jeux sont la littérature du XXIe siècle. Quand vous regardez les jeux actuels, c'est peut-être difficile à voir. Mais tout est en place pour que cela se produise[21]. »

La plus pure expression de la place centrale occupée par le jeu dans l'économie émergente se trouve sans doute à l'Entertainment Technology Center de Carnegie Mellon University, une collaboration entre son école des beaux-arts et son institut d'informatique. Carnegie Mellon propose un diplôme totalement nouveau, une maîtrise en technologie du divertissement (MET) qualifiée de « programme universitaire pour cerveaux droit et gauche ». Il est possible de tout étudier : de la programmation au business en passant par le théâtre d'improvisation. Les étudiants n'obtiennent un diplôme ni en art ni en sciences, mais un diplôme interdisciplinaire, « le summum universitaire, selon l'école, des études dans ce domaine. Plus significatif qu'un MA ou un MS, il est l'équivalent d'un MFA et/ou d'un MBA. » Si le MFA [diplôme des beaux-arts] est le nouveau MBA, un jour prochain le MET [maîtrise en technologie du divertissement] sera peut-être le nouveau MFA [diplôme des beaux-arts]. Un diplôme qui nécessite et rend possible un nouvel esprit.

L'humour

Comme le sujet des jeux est frais dans notre esprit, je vous propose un petit jeu que j'appellerai « Gare à la chute ». En voici la règle. Je vous donne la première partie d'une blague, je plante le décor. Puis vous choisissez la meilleure chute parmi quatre possibilités. Prêts ?

Un samedi de juin, M. Jones aperçoit son voisin M. Smith dehors et le rejoint. « Hé, Smith ! s'exclame Jones. Tu te sers de ta tondeuse cet après-midi ? » Smith répond avec méfiance : « Heu, oui, oui. » Que rétorque Jones ?

(a) « OK ! Je peux te l'emprunter quand tu auras fini ? »

(b) « Super. Tu n'utilises pas tes clubs de golf alors ! Tu me les passes ? »

(c) « Oups ! » s'écrie-t-il lorsqu'il marche sur un râteau qui lui frôle le visage.

(d) « Les oiseaux n'arrêtent pas de manger les graines de gazon que j'ai semées. »

La chute correcte est bien entendu la réponse (b). La réponse (a) est logique, mais ni surprenante ni drôle. La réponse (c) est surprenante, et cette grosse farce peut prêter à rire, mais elle ne suit pas de manière cohérente la première partie. La réponse (d) est totalement hors de propos.

Je n'ai pas entendu cette blague dans un bar ou dans une émission spéciale rire. Je l'ai tirée d'une étude neuroscientifique de 1999 publiée dans le journal *Brain* [Cerveau]. C'est pourquoi je la trouve particulièrement drôle... Afin de tester le rôle joué par les deux hémisphères du cerveau dans le traitement de l'humour, deux neuroscientifiques, Prabitha Shammi et Donald Stuss, ont mené une expérience au cours de laquelle ils ont fait passer le test de la blague à un panel de cobayes. Le groupe témoin au cerveau intact a choisi la réponse (b), la chute que vous avez probablement sélectionnée. Mais le groupe test constitué de personnes à l'hémisphère droit endommagé (le lobe frontal de cet hémisphère en particulier) a rarement sélectionné cette réponse. Leur préférence allait plutôt vers la réponse (c) où M. Jones se prend le râteau.

À partir de ces recherches, les neuroscientifiques ont conclu que l'hémisphère droit jouait un rôle essentiel dans la compréhension et l'appréciation de l'humour. Quand cet hémisphère est abîmé, la capacité du cerveau à traiter ne serait-ce qu'une plaisanterie un peu sophistiquée souffre. La raison se trouve dans la nature de cet humour et dans les fonctions spécifiques à l'hémisphère droit. L'humour contient souvent une dose d'incongruité qui rompt le fil de l'histoire. L'hémisphère gauche n'aime ni la surprise ni l'incongruité. (« Des clubs de golf ? aboie-t-il. Qu'est-ce que cela a à voir avec la tonte d'une pelouse ? Cela n'a aucun sens ! ») Ainsi, comme avec les métaphores et les expressions non verbales, il appelle à l'aide son alter ego qui, dans ce cas précis, résoudra l'incongruité en donnant un sens différent au commentaire. (« Tu vois, explique le côté droit, Jones a tendu un piège à Smith. Ha ! ha ! ha ! ») Dans le cas où le fonctionnement de l'hémisphère droit, amateur de blagues et chasseur d'incongruité, est entravé, le cerveau a beaucoup plus de difficultés à comprendre l'humour. Au lieu de la surprise suivie de cohérence – la réaction en chaîne normale d'une blague efficace – la plaisanterie n'est plus vue que comme une suite d'événements incongrus et déroutants et fait long feu.

La spécialisation hémisphérique a bien d'autres fonctions que d'aider à comprendre les blagues nulles*. Shammi et Stuss soutiennent que l'humour représente la plus haute forme d'intelligence humaine.

* Cette étude apporte aussi un élément de réponse à une autre devinette scientifique : pourquoi la plupart des hommes trouvent-ils Benny Hill drôle et les femmes non ? Dans l'étude, les patients à l'hémisphère droit détérioré ont montré une préférence pour la grosse farce. Or rappelez-vous, dans le chapitre précédent, le « cerveau mâle extrême » montre souvent une dégradation de l'hémisphère droit. Ainsi la faiblesse des hommes pour Benny Hill (et le mépris des femmes à son égard) est davantage due au côté mâle de notre cerveau qu'à leur mauvais goût. (*N.d.A.*)

« Toute cette histoire a des implications profondes, écrivent-ils. Le lobe frontal droit était considéré (et l'est encore parfois) comme la zone du cerveau la plus silencieuse. À l'opposé, il représente peut-être l'une des régions les plus importantes du cerveau… [et] est vital aux fonctions cognitives humaines les plus hautes et les plus évoluées[22]. »

« Il est évident que les individus créatifs se caractérisent par leur enjouement et leur légèreté. »

— MIHÁLY CSÍKSZENTMIHÁLYI

L'humour rassemble plusieurs attributs parmi les plus puissants de l'hémisphère droit : la capacité à placer les situations dans leur contexte, à avoir une vue d'ensemble, à combiner différentes perspectives pour créer des alignements inédits. Cela donne une plus grande valeur à cet aspect du jeu dans le monde du travail. « Plus de quarante années d'études effectuées par divers chercheurs confirment l'adage populaire qui veut que l'humour, utilisé avec talent, graisse les roues du management, écrit Fabio Sala dans *The Harvard Business Review*. Il réduit l'hostilité, détourne les critiques, libère des tensions, aide à faire passer des messages difficiles[23]. » Selon cette étude, les cadres les plus efficaces utilisent deux fois plus souvent l'humour que les autres. « Une facilité naturelle à pratiquer l'humour, déclare Sala, semble être le marqueur d'une intelligence émotionnelle supérieure, apanage des leaders[24]. »

Bien entendu, l'humour peut être une substance volatile dans les entreprises. « Essayer de manufacturer l'humour est la meilleure manière de le supprimer, alors que la suppression de la jovialité peut conduire à sa réapparition[25] », écrit David Collinson qui racontait l'histoire de la sévère usine Ford et étudie l'humour dans les entreprises. L'humour surgit à différents niveaux et est accompagné de divers effets secondaires. Quand il est négatif, par exemple, il peut être très destructeur, réduire une entreprise en miettes, créer des divisions difficiles à gérer. « Loin d'être toujours source de cohésion sociale, l'humour peut refléter et renforcer, articuler et mettre en lumière les divisions, les tensions, les conflits, les asymétries de pouvoir et les inégalités sur les lieux de travail[26] », écrit Collinson.

Utilisé avec plus de doigté, l'humour devient un élixir organisationnel fluidifiant. « Les blagues que l'on se raconte au travail en disent peut-être plus long sur l'entreprise, sa gestion, sa culture et ses conflits que des réponses à des enquêtes soigneusement menées[27] », affirme Collinson. Thomas A. Stewart, rédacteur en chef de *The Harvard Business Review*, suggère d'exploiter les plaisanteries internes afin de trouver des indices sur l'âme de l'entreprise – après qu'il a lui-même découvert que de nombreuses affaires louches d'Enron étaient la cible de plaisanteries lors du concours de jeunes talents organisé par la firme, bien avant que les commissaires aux comptes n'aient vent de ce qui se tramait[28]. L'humour peut être une force de cohésion dans une entreprise, comme le comprennent tous ceux qui ont échangé des blagues près de la machine à café ou ri pendant le déjeuner avec des collègues. Au lieu de discipliner les plaisantins, comme Ford ne s'en privait pas au siècle dernier, les entreprises devraient leur mettre la main dessus et considérer leur sens de l'humour comme un atout. Je lance un mouvement pour sauver l'humour, pour que l'on oublie son statut de simple divertissement et que l'on reconnaisse ce qu'il est vraiment : une forme d'intelligence sophistiquée et particulièrement humaine qui ne peut être reproduite par des ordinateurs et qui a de plus en plus de valeur dans un monde high concept et high touch.

Gaieté

Tout commence un peu en retard en Inde, sauf le club de rire qui débute pile à l'heure. À 6 h 30, Kiri Agarawal donne un coup de sifflet, et quarante-trois personnes – y compris le Dr Kataria, sa femme

Madhuri et moi – forment un demi-cercle hirsute. Agarawal s'arrête et quarante-quatre personnes se mettent à marcher en tapant dans leurs mains en chœur et en criant : « Ho-ho, ha-ha-ha… ho-ho, ha-ha-ha » encore et encore.

Nous sommes au complexe sportif Prabodham, à quelques kilomètres du domicile de Kataria situé dans un quartier résidentiel au nord-ouest de Bombay. Ce qui passe pour un « complexe sportif » est en fait un mur en béton friable qui entoure un terrain de foot boueux et une piste d'athlétisme craquelée. Les quarante minutes suivantes, je fais des choses – en public, avec des inconnus – que jamais je n'avais faites. Avec les autres membres du club de rire, je pratique une série d'exercices qui se situe entre le yoga et la gymnastique suédoise, avec un soupçon de méthode de Stanislavski* pour faire bonne mesure. L'un de nos premiers exercices s'intitule le « rire de Namasté ». Nous joignons nos paumes, comme en prière, devant notre visage, tel le traditionnel salut hindou qui a donné son nom à cette figure, puis nous fixons un autre participant et éclatons de rire. Je trouve cet exercice difficile. Le rire que l'on provoque soi-même est plus ardu que ces faux sourires que l'on m'a arrachés dans le chapitre 7. Je commence donc par beugler les syllabes « ha, ha, ha, ha, ha, ha ». Soudain, quelque chose d'étrange se produit. Mes rires forcés deviennent plus naturels et ceux des autres semblent débusquer les miens.

Un peu plus tard arrive l'exercice du « rire, un point c'est tout ». Je prends exemple sur Kataria qui porte un jean, un diamant à l'oreille et un T-shirt rouge sur lequel est marqué PENSER GLOBALEMENT, RIRE LOCALEMENT. Il lève les paumes vers le ciel, marche en cercle et répète à voix haute : « Je ne sais pas pourquoi je ris. » Je l'imite. Le rire de

* Technique de jeu faisant appel aux ressources émotives de l'acteur, fondement de la pratique de l'Actors Studio.

Kataria (qui ferme souvent les yeux très fort) semble le transporter dans un autre univers. Puis, après chaque rire, nouvelle tournée d'applaudissements d'une minute sur le rythme de « Ho-ho, ha-ha-ha ».

Cette expérience est à la fois bizarre et revigorante. C'est bizarre de voir quarante-trois personnes – de vieilles femmes en sari pour la plupart – faire le « rire du lion », c'est-à-dire tirer la langue, lever les mains comme si c'étaient des griffes et pousser des cris stridents telles des possédées. Cependant, c'est revigorant d'être dehors et de rire sans raison aucune, parce que – en dépit de mon scepticisme – cela fait du bien.

Plus tard, de retour dans son bureau, Kataria me raconte comment le rire a fini par définir sa vie. Dernier d'une fratrie de huit, il est né dans un petit village de l'État du Pendjab. Ses parents n'étaient pas instruits, m'a-t-il confié, mais sa mère voulait qu'il devienne médecin. Kataria a donc fait une école de médecine et dans les années 1980, il a commencé à pratiquer la médecine interne dans une unité mobile qu'il conduisait à travers Bombay. Au début des années 1990, il a publié un magazine sur la santé, *My Doctor*, tout en continuant de soigner ses patients. Après avoir remarqué qu'ils se rétablissaient plus vite quand ils riaient, il a écrit un article en 1995 intitulé : « Le rire : la meilleure des médecines[29] ».

« Si rire est si bénéfique, s'est dit Kataria à ce moment-là, pourquoi ne pas lancer un club de rire ? » (Environ un quart des phrases de ce bon docteur incluent une variation ou une autre de la formule : « Pourquoi ne pas ? ») « J'ai eu un flash à 4 heures du matin le 13 mars 1995. Et, en moins de trois heures, je me suis rendu au parc municipal et j'ai demandé aux passants s'ils voulaient rire avec moi dans un club de rire. » Il n'a convaincu que quatre personnes à qui il a expliqué les bienfaits du rire. Tous cinq se sont raconté des blagues et, ensuite, tout le monde s'est senti bien. Ils ont continué les jours suivants, mais, le dixième jour, ils ont rencontré un obstacle : ils étaient à court de blagues. La colle ! Kataria s'est alors dit qu'ils n'avaient peut-être pas besoin de blagues. Avec sa femme, professeur de yoga, ils ont décidé de créer une série d'exercices autour du rire. « Pourquoi ne pas combiner les cours de respiration au rire et faire un yoga du rire ? » en a-t-il conclu. Le mouvement était né. « Si je n'avais pas été médecin, les gens m'auraient ri au nez », affirme-t-il. Cette phrase l'amuse toujours. Il ferme les yeux, penche la tête en arrière et éclate de rire.

> **« Celui qui rit le dernier n'a rien compris. »**
>
> — HELEN GIANGREGORIO

Pour Kataria, l'humour n'est pas une condition préalable au rire. Le but de ses clubs est le rire « libre de toute pensée ». « Quand vous riez, vous ne réfléchissez pas. C'est l'objectif que nous atteignons en méditation. » L'esprit méditatif est la voie qui mène à la gaieté. La gaieté diffère du bonheur, déclare Kataria. Le bonheur est conditionnel, la gaieté est inconditionnelle. « Quand vous comptez sur un élément extérieur pour vous faire rire, le rire ne vous appartient pas. C'est un rire conditionnel. A contrario, dans mes clubs, la source de dérision ne se situe pas en dehors du corps, mais à l'intérieur de nous. » Kataria souligne que les jeunes enfants ne comprennent pas vraiment l'humour et, pourtant, ils rient dès leur plus jeune âge. En vérité, la tradition populaire veut que les enfants rient des centaines de fois par jour et les adultes à peine une dizaine. Le rire yogique en groupe, selon lui, peut aider les gens à passer du bonheur conditionnel des adultes à la gaieté inconditionnelle des enfants. « Je souhaite aider les gens à récupérer leur espièglerie d'enfant », m'a-t-il annoncé.

Bon, en général, j'écarquille les yeux et je planque mon portefeuille dès qu'on me conseille de partir à la recherche de l'enfant qui est en moi, bien à l'abri dans mon subconscient. Cependant, la science semblerait corroborer les affirmations de Kataria sur les vertus du rire. Le rire ne guérira pas de la tuberculose, mais cette étrange activité humaine qui consiste à émettre des trépidations paroxystiques d'air et de sons par notre gosier est indéniablement bénéfique pour la santé. Par exemple, les études du Dr Lee Berk du centre de neuro-immunologie de la Loma Linda School of Medicine montrent que le rire peut diminuer les hormones du stress et renforcer le système immunitaire[30]. Robert Provine, neuroscientifique dont le livre *Le Rire, sa vie, son œuvre : le plus humain des comportements expliqué par la science* propose une analyse approfondie de l'anthropologie et de la biologie du rire, remarque : « Le registre scientifique apporte un soutien modeste mais croissant aux propriétés analgésiques de l'humour et du rire[31]. » En outre, le rire comporte des bienfaits aérobies. Il active le système cardio-vasculaire, augmente le rythme cardiaque et envoie plus de sang aux organes internes. Provine rapporte que William Fry, chercheur en rire, « a démontré qu'il lui fallait dix minutes de rameur pour atteindre le rythme cardiaque obtenu après une minute de rire franc[32] ». Peut-être le point le plus important : le rire est une activité sociale. La preuve en est que les personnes qui ont des contacts satisfaisants et réguliers avec leurs semblables sont en meilleure santé et plus heureux. Le rire, affirme Provine, « est plus une question de relations que de plaisanteries ». Nous rions rarement seuls. Et, pourtant, nous ne pouvons nous en empêcher quand les autres se mettent à glousser. Le rire est une forme de communication non verbale qui transmet l'empathie et qui est encore plus contagieux que le bâillement. Les clubs de rire, qui, tel le rire lui-même, sont toujours gratuits, combinent quatre éléments positifs (yoga, méditation, aérobic et contact social) pour en créer un cinquième.

Voilà pourquoi Kataria croit que la prochaine frontière des clubs de rire est l'endroit où le stress sévit le plus : le lieu de travail. « Le rire peut jouer un rôle majeur dans la réduction du stress sur les lieux de travail », prétend-il. Selon Kataria, les entreprises sont persuadées que « les gens sérieux sont plus responsables. Ce n'est pas vrai. C'était peut-être le cas hier. Les gens qui rient sont plus créatifs, plus productifs. Les gens qui rient ensemble sont capables de travailler ensemble. » Des firmes comme Glaxo et Volvo ont compris le message et organisent des clubs de rire. Steve Wilson, disciple de Kataria et « joyeulogue » autoproclamé dans l'Ohio, transmet le message à l'Amérique des entreprises. D'après Kataria, « il devrait y avoir une salle de rire dans chaque entreprise. Après tout, on fait bien des salles fumeurs alors, pourquoi pas un endroit consacré au rire ? »

Je doute qu'IBM instaure une salle de rire dans un avenir proche (ils faisaient peut-être partie de ceux qui n'auraient jamais cru que les cadres des cinq cents plus grosses entreprises américaines paieraient pour jouer aux Lego *). Clairement, sous une ère d'abondance, le rire

* Allusion à Lego Serious Play®, un produit créé par le groupe Lego en 1996 qui allie conseil en stratégie et *creative thinking* : les participants doivent construire des allégories de leur identité et de leurs activités professionnelles en briques de Lego.

fournit quelque chose que le cerveau gauche est incapable de faire. Plus largement, de nos jours une éthique du jeu peut fortifier et redonner de la noblesse à l'éthique du travail. Les jeux enseignent tout une variété de leçons bicérébrales à une nouvelle génération de travailleurs et ont donné naissance à une industrie exigeant divers talents clefs de l'ère conceptuelle. L'humour regroupe plusieurs aspects de la pensée complexe qui s'avère nécessaire à l'époque de l'automatisation et de l'externalisation. Le rire simple peut mener à la gaieté qui, en retour, peut aboutir à une créativité, une productivité et une collaboration plus grandes.

« Le cerveau limité est une technologie, m'a appris Kataria après notre petit déjeuner, alors que la pendule s'approchait de midi. Tu fais ça, tu obtiens ça. C'est mathématique. Je considère le rire comme des mathématiques divines. Deux plus deux ne font pas quatre. Deux plus deux font soixante-quatre. » Et il éclate de rire.

PORTFOLIO

Design

Histoire

Symphonie

Empathie

Jeu

Sens

Trouver un club de rire

Comment ajouter un soupçon de légèreté à votre vie ? En visitant un club de rire. Ces groupes fleurissent à une telle vitesse qu'il en existe forcément un près de chez vous. (Pour la liste des clubs, rendez-vous sur le site Internet du yoga du rire). Le Dr Madan Kataria, le gourou du gloussement, est également l'auteur d'un livre, d'une vidéo et d'un DVD, *Laugh for No Reason*, qui explique les bases du yoga du rire, ainsi que la théorie et la science qui le sous-tendent. Ces acquisitions coûtent une vingtaine d'euros, mais les clubs sont en accès libre. Comme le dit Kataria : « Pas de formulaire, pas de frais d'inscription, pas de chichis. » Aussi, au printemps, guettez la Journée internationale du rire, qui a lieu chaque premier dimanche de mai. Répétez après moi : Ho-ho, ha-ha-ha.

(*Pour plus d'informations (en anglais)* : www.laughteryoga.org)

Intitulé le portail des clubs de rire francophones, ce site recense les stages accessibles en France et n'oublie pas de présenter le Dr Madan Kataria et son yoga du rire.

(*Pour plus d'informations* : www.clubderire.com)

Site officiel et rigolo de l'École du rire et du bien-être.

(*Pour plus d'informations* : www.ecolederire.com)

Cette adresse-ci propose une liste non exhaustive des « meilleurs sites pour rire » de l'Internet.

(*Pour plus d'informations* : www.annuaire-du-rire.com)

Jouer aux légendes de bandes dessinées

Au chapitre 2, je vous ai parlé du projet Arc-en-ciel, un SAT alternatif imaginé par Robert Sternberg, de Yale, qui mesure davantage d'aptitudes bicérébrales. L'un des exercices proposés par cet anti-SAT demande aux candidats de remplacer les légendes des bandes dessinées du *New Yorker.* Essayez vous-même une version de cet exercice avec des amis. Sélectionnez cinq ou six caricatures du *Monde* ou de *Marianne,* découpez-les et masquez les légendes. Puis montrez les dessins « silencieux » à vos amis et demandez-leur de créer leur sous-titre à eux. Frottez, rincez, recommencez. Vous serez surpris par le dynamisme et la drôlerie de cet exercice. Pour plus d'informations et pour une meilleure approche des caricatures spirituelles, feuilletez le livre de Robert Mankoff, rédacteur au *New Yorker, The Naked Cartoonist.* (Et si vous êtes vraiment fan, procurez-vous *The New Yorker. L'intégrale des dessins* *, qui inclut deux CD-Rom où est répertoriée l'intégralité des 68 647 dessins humoristiques publiés dans l'hebdomadaire.) Mankoff soutient que les légendes nécessitent « du rythme, de la brièveté et de la surprise ». Leur humour dépend d'une sensibilité propre au cerveau droit. « La plupart des planches ou des idées drôles sont une combinaison étonnamment réussie de deux aspects, écrit-il. Elles apportent à la fois un mélange et un chevauchement conceptuel de catégories

* Robert Mankoff et Jean-Loup Chiflet, Paris, Les Arènes, 2005.

auquel la conscience résiste, mais qui est indispensable à la création de nouvelles idées. Si je voulais résumer cela en une formulation un peu provocante, je dirais que deux idées se rencontrent et couchent ensemble. »

Gravir l'échelle de l'humour

James Thorson, professeur à l'université de Nebraska-Omaha, a inventé une échelle multidimensionnelle du sens de l'humour, utilisée à la fois par des chercheurs et des cliniciens afin de mesurer le niveau d'hilarité des individus. Ce test cherche à savoir si vous utilisez l'humour dans l'adversité et si vos amis vous trouvent de l'esprit. Les recherches de Thorson ont permis de découvrir que « ceux qui obtiennent de bons scores sur l'échelle multidimensionnelle du sens de l'humour sont moins sujets à la dépression et sont plus entreprenants que ceux qui obtiennent un score minime. » Faites vous-mêmes le test (en anglais) et voyez où vous vous situez.

(*Pour plus d'informations* : tinyurl.com/6t7ff)

Jouer à inventer

L'invention et le jeu ont souvent de nombreux points communs. Les meilleurs inventeurs sont joueurs et les meilleurs joueurs sont inventifs. Il existe un endroit où l'on peut comprendre les connexions entre le jeu et l'invention : l'exposition itinérante « L'invention dans le jeu » de la *Smithsonian Institution*, qui « étudie les similarités entre la manière dont enfants et adultes jouent et les processus créatifs utilisés par les innovateurs en science et technologie » et examine « les diverses habitudes de jeu de l'esprit qui sous-tendent l'invention ». Si vous ne pouvez aller aux États-Unis voir l'exposition, rendez-vous sur l'excellent site Internet *Invention at Play.*

(*Pour plus d'informations* : www.inventionatplay.org)

Les jeux sont faits

Vous devriez vous mettre aux jeux vidéo. Sérieusement. Si vous ne faites pas la différence entre un joystick et un roulé au chocolat, passez un peu de temps sur les jeux de vitesse sur ordinateur, en ligne ou sur console (Game Boy, PlayStation, etc.) Demandez à votre enfant ou à celui du voisin de vous initier. Ou rendez-vous dans un magasin de jeux électroniques et demandez une démonstration. Vous ne le regretterez pas. Attention tout de même à ne pas vous laisser prendre au jeu ! Au minimum, vous commencerez à comprendre la puissance de cette nouvelle grammaire, les schémas narratifs et les styles de pensée que ces jeux enseignent. Si vous souhaitez peaufiner vos connaissances, feuilletez l'un de ces magazines spécialisés. (On en trouve dans ces mêmes magasins.) Ou jetez un coup d'œil aux sites web qui vous enseignent le B.A.-BA et donnent un aperçu de jeux sympas (ces sites sont le plus souvent en anglais, mais n'est-ce pas la langue du jeu ?).

Game Spot

Un site de jeux exhaustif, l'un des meilleurs sur Internet.

(*Pour plus d'informations* : www. gamespot.com)

Game Talk

Une communauté de joueurs en ligne.

(*Pour plus d'informations* : www.gametalk.com)

Game Zone

Un autre site de jeux exhaustif où vous trouverez des actualités et des critiques de jeux.

(*Pour plus d'informations* : www.gamezone.com)

Newsgaming

Ce site opère à la limite du jeu et du commentaire politique. Il propose des jeux à partir de l'actualité.

(*Pour plus d'informations* : www.newsgaming.com)

Projet de répertoire ouvert des jeux vidéo

Une liste impressionnante d'à peu près tous les bons sites de jeux, en ligne ou non, du web.

(*Pour plus d'informations* : www.dmoz.org/Games/Video_Games/full-index.html)

There

Cette liste s'est baptisée « la fuite en ligne ». On se choisit un personnage, puis on cohabite avec d'autres joueurs dans un magnifique décor d'île paradisiaque. Ce n'est peut-être pas votre tasse de thé, mais l'essai gratuit permet de se faire une idée sur les jeux de rôle.

(*Pour plus d'informations* : www. there. com)

Wireless Gaming Review

Ce site est une grande source d'information sur les jeux sans fil (jeux disponibles sur les téléphones portables et autres dispositifs sans fil). Offre également de nombreux téléchargements gratuits.

(*Pour plus d'informations* : www.wgamer.com)

Women Gamers

Le plus grand portail pour joueuses du Net. Ce site propose les critiques habituelles et des annonces de produits, ainsi que de nombreuses informations sur les dernières tendances.

(*Pour plus d'informations* : www.womengamers.com)

Yahoo ! Games

Une bonne introduction aux jeux en ligne. Ce site vous permet de jouer à tout, du backgammon à la canasta en passant par le toki toki boom, et d'être confronté à des adversaires du monde entier.

(*Pour plus d'informations* : www.games.yahoo.com)

Jouer à des jeux pour cerveau droit

Deux nouveaux jeux sans fil ont été spécialement conçus pour tester et améliorer les aptitudes de votre hémisphère droit. *Right Brain Game* de Tecmo propose douze activités qui mesurent quel côté de votre cerveau domine l'autre. Ce jeu n'est disponible qu'au Japon, mais il devrait bientôt arriver en Amérique du Nord et en Europe. (*Pour plus d'informations* : www.tecmogames.com) *Right Brain Paradise* [le paradis du cerveau droit], qui prétend être « le jeu de téléphone portable le plus stimulant jamais créé », offre neuf niveaux de difficulté croissante destinés à mesurer les aptitudes de l'hémisphère droit de votre cerveau.

(*Pour plus d'information* : www.bluelavawireless.com)*

Sites web de jeux

www.games.yahoo.com

La référence en matière de jeux en ligne gratuits dans l'Hexagone (arcades, plateaux, lettres, réflexion, adresses, sport…).

www.dockgames.com

www.jeuxvideo.com

www.micromania.com

www.gamekult.com

* Site temporairement indisponible.

PlayStation2®2

Guide d'achat, photos de grande qualité, DVD de démonstration inclus.

Magazine générationnel destiné aux possesseurs de la console Sony, il propose un grand nombre de tests et de comparatifs pour guider les lecteurs dans leurs achats de jeux et d'accessoires.

PC Jeux

Dossiers exclusifs, pages de test, avant-premières, actualité des communautés, CD de jeux inclus. Bonus : une brigade de répression des mauvais jeux et le courrier non censuré des lecteurs.

Jeux vidéo Magazine

Véritable guide d'achat dont la fonction est de guider les lecteurs dans leurs achats de jeux vidéo ou d'accessoires périphériques.

9

SENS

Au début de l'hiver 1942, les autorités autrichiennes ont arrêté des centaines de juifs à Vienne. Parmi eux figurait un jeune psychiatre du nom de Viktor Frankl. À l'époque, Frankl, figure montante dans son domaine, développait une nouvelle théorie sur le bien-être psychologique. Ayant anticipé cette rafle, sa femme Tilly et lui s'étaient efforcés de préserver ce qui était alors leurs biens les plus précieux. Avant que la police ne pénètre chez eux, Tilly avait cousu dans la doublure du manteau de Viktor le manuscrit du livre où il exposait ses théories. Viktor portait ce manteau quand le couple a plus tard été envoyé à Auschwitz. Il s'est accroché à son manteau le premier jour dans le camp, mais le deuxième, les soldats SS l'ont déshabillé, lui ont confisqué ses vêtements, et Frankl n'a jamais revu son manuscrit.

Les trois jours suivants, à Auschwitz puis à Dachau, tandis que son épouse, son frère, sa mère et son père mouraient dans les chambres à gaz, Frankl s'est débrouillé pour recréer son texte en griffonnant des notes sur des morceaux de papier volés. En 1946, un an après la libération des camps par les forces alliées, ces bouts de papier chiffonnés ont formé la base de ce qui allait devenir l'un des travaux majeurs du XXe siècle, *Découvrir un sens à sa vie avec la logothérapie*[1]. Dans son livre, Frankl décrit comment il a persévéré en dépit du travail harassant, des soldats sadiques et du peu de nourriture. Récit de survie, cet ouvrage est aussi une fenêtre sur l'âme humaine et un guide vers une vie remplie de sens. S'appuyant sur son expérience dans les camps, sur celles de ses compagnons d'infortune et leur état mental, Frankl élabore la théorie qu'il avait ébauchée avant son arrestation. Il soutient que « le principal souci de l'homme n'est pas de prendre du plaisir ou de fuir la douleur, mais de découvrir un sens à sa vie »[2]. Le moteur fondamental, la motivation qui propulse l'existence humaine est la quête de sens. L'approche de Frankl, appelée logothérapie, de *logos* qui signifie « sens » en grec, est rapidement devenue un mouvement influent en psychothérapie.

Frankl et d'autres ont réussi à trouver du sens et de l'intention dans le cadre atroce et littéralement inconcevable d'un camp de concentration. Dans l'un de mes passages préférés, Frankl écrit : « J'ai compris comment un homme qui n'a plus rien au monde peut encore connaître la félicité, ne serait-ce qu'un bref instant, dans la contemplation de son aimée. » Il démontre que le sens est possible en dépit des souffrances, que le sens peut parfois émaner de cette souffrance. Mais il insiste aussi sur le fait que la souffrance n'est pas une condition préalable à la découverte de sens. La quête de sens est un moteur qui existe en chacun de nous. Seule une combinaison de circonstances externes et de volonté interne peut le ramener à la surface.

Ce dernier point est la clef du livre… et de sa pertinence actuelle. Au début du XXIe siècle, plusieurs forces se sont réunies pour créer des circonstances propices à la recherche de sens à une échelle jamais imaginée. *Primo*, alors que les problèmes de pauvreté et autres maux sociaux persistent, une grande partie du monde industrialisé s'est trouvée libérée de la vraie souffrance. Comme je l'ai montré au chapitre 2, nous vivons dans une ère d'abondance avec des niveaux de vie auparavant jamais atteints dans l'histoire du monde. Libérés de toute lutte pour survivre, nous avons le luxe de consacrer plus de temps à la quête de sens. Si Frankl et ses compagnons prisonniers y parvenaient dans les camps de travail d'Auschwitz, nous pouvons en faire autant dans le confort de nos vies abondantes.

> **« Nous sommes nés pour le sens et non le plaisir, à moins que le plaisir ne soit imbibé de sens. »**
>
> — JACOB NEEDLEMAN

D'autres forces sont en jeu. Comme je l'ai mentionné au chapitre 3, la génération mammouth du baby-boom atteint un palier démographique. Dans l'ensemble le baby-boomer a l'essentiel de sa vie derrière lui, plutôt que devant lui, et doit accélérer sa recherche de sens et la réévaluation de ses priorités. Le spectre du terrorisme rôde, nous rappelle la fugacité de la vie et soulève des questions sur son but. En parallèle, la technologie continue sa marche implacable, nous inonde de données et nous submerge de choix. Toutes ces forces se sont réunies pour former une tempête de circonstances qui rend possible la quête de sens et en fait la sixième aptitude de l'ère conceptuelle.

Robert William Fogel, le prix Nobel d'économie dont j'ai brièvement parlé au chapitre 2, appelle ce moment le « quatrième grand éveil ». Il écrit : « L'iniquité spirituelle (ou immatérielle) est aujourd'hui un problème aussi grand, voire plus grand, que l'inégalité matérielle[3]. » Ses mots font écho à ceux de Frankl, un demi-siècle plus tôt : « [Les] gens ont assez pour vivre, mais aucune raison de vivre. Ils ont les moyens sans avoir de sens à leur vie[4]. » Ronald Inglehart, politologue respecté à l'université du Michigan qui traque et compare les opinions publiques de dizaines de pays depuis un quart de siècle, a détecté une tendance similaire. Chaque fois qu'il fait passer son « Enquête sur les valeurs mondiales », les sondés expriment un intérêt croissant pour les sujets matériels et immatériels. Par exemple, selon une étude récente, 58 % des Américains affirment qu'ils pensent souvent au sens et au but de la vie. Ce pourcentage se retrouve, quoique à des niveaux inférieurs, en Allemagne, en Angleterre et au Japon[5]. Pour Inglehart, le monde avancé vit un lent changement de ses principes opérationnels, « une évolution graduelle des valeurs « matérialistes » (la mise en avant de la sécurité économique et physique avant toute chose) vers des priorités « postmatérialistes » (l'expression personnelle et la qualité de vie)[6]. Le journaliste américain Gregg Easterbrook va encore plus loin : « La transition du besoin matériel vers le besoin de sens est en cours, ce qui ne s'est jamais vu dans l'histoire. Elle implique des centaines de millions de personnes et finira peut-être par devenir l'apport culturel principal de notre époque[7]. »

Quel que soit son nom – « quatrième grand éveil », valeurs « postmatérialistes », « besoin de sens » –, les conséquences sont les mêmes. Le sens est devenu un aspect central de notre travail et de notre existence. À l'évidence, pourchasser le sens n'est pas une tâche simple. Il n'existe pas de livre de recettes, ni de sachet prêt à l'emploi. Mais, à tous les niveaux de l'organisation sociale, nous pouvons commencer notre recherche de sens de deux façons à la fois bicérébrales et pratiques : en nous intéressant d'une part à la spiritualité et d'autre part au bonheur.

Prendre la spiritualité au sérieux

Le petit homme vêtu d'une toge bordeaux et chaussé de baskets rouges est le dernier à monter sur scène. Lorsqu'il sort des coulisses, les spectateurs se lèvent et esquissent une révérence. Il arbore un sourire béat, salue et s'assied en tailleur dans le fauteuil vide qui l'attend. L'homme que je regarde en clignant des yeux depuis les derniers rangs d'un auditorium de 1 300 places plein à craquer sur le campus du Massachusetts Institute of Technology, l'homme que toutes ces personnes, y compris Richard Gere, les mains jointes en un namasté de bienvenue, et Goldie Hawn, dont les mains se tortillent sur les cuisses, honorent debout, s'appelle Tenzin Gyatso, alias la quatorzième manifestation du Bouddha de la Compassion, alias le dalaï-lama, prix Nobel de la paix, chef en exil du Tibet et « rock star spirituelle » qui remplira le lendemain soir le Fleet Center de Boston où s'entasseront quelque 13 000 fans.

« Je crois que le but ultime de notre existence est de rechercher le bonheur. C'est clair. Que l'on soit religieux ou non, que l'on croie à cette religion-ci ou à celle-là, nous recherchons toujours une vie meilleure. Je pense donc que toute notre vie tend vers le bonheur. »

— LE DALAÏ-LAMA

Que fait le dalaï-lama au MIT ? Il est là pour une conférence sur l'esprit, un raout de deux jours traitant de ce que la science peut apprendre du bouddhisme et vice versa. Chaque matin et chaque après-midi, les chaises disposées sur la scène verront passer des scientifiques tout d'ocre vêtus, comme il sied à des professeurs, et des moines aux riches couleurs rouge et safran – démonstration en couleur de la rencontre à mi-chemin entre raison et esprit, entre hémisphères gauche et droit de nos cerveaux. Il y a quinze ans, le dalaï-lama invitait déjà des scientifiques chez lui, à Dharamsala, en Inde. Il s'intéressait à ce qu'ils apprenaient sur le cerveau et ils étaient curieux de savoir ce qui se passait dans le cerveau de personnes qui avaient développé une capacité quasi surhumaine pour la méditation et la transcendance spirituelle. Dans les quinze ans qui suivirent, des scientifiques tel que Richard Davidson de l'université du Wisconsin ont commencé à insérer des moines dans des IRM semblable à celui dans lequel je me suis glissé au chapitre premier : ils voulaient capturer des images de leur cerveau en pleine méditation et obtenir de nouveaux renseignements sur les émotions, l'attention, l'imagerie mentale et d'autres capacités cognitives. Des moines tels que Matthieu Ricard, biologiste moléculaire de formation, se sont intéressés aux dernières publications scientifiques pour comprendre le fonctionnement de l'esprit et peut-être la nature de l'âme. Le rassemblement auquel je me suis rendu était leur première réunion publique, une espèce de sortie festive du placard. « La science et le bouddhisme se ressemblent beaucoup, a affirmé le dalaï-lama lors de la conférence de presse qui précédait l'événement principal. Tous deux explorent la nature de la réalité et tous deux ont pour but de diminuer les souffrances de l'humanité. »

Le contenu de la conférence – beaucoup de discussions, des plans pour des recherches futures – est peut-être moins significatif que le fait même qu'elle ait eu lieu. Alors, comme ça, le MIT prendrait donc la spiritualité au sérieux ? Comme l'a déclaré Eric Lander, célèbre biologiste moléculaire au public, la science est une manière comme une autre de comprendre le monde. Dans différents domaines, il est de plus en plus admis que la spiritualité – pas nécessairement la religion, mais l'intérêt plus largement défini pour le sens et le but de la vie – est un aspect fondamental de la condition humaine. En effet, il se pourrait que nous ayons une capacité innée pour la foi – on s'entend bien, je ne parle pas de religion, mais de la croyance en quelque chose de plus grand que nous – comme si un câblage avait été prévu dès l'origine dans notre cerveau. Ce branchement semble courir dans l'hémisphère cérébral droit, ce qui n'est pas totalement surprenant, n'est-ce pas ? Michael Persinger, neuroscientifique à la Laurentian University dans l'Ontario, a mené des expériences (quelque peu controversées) à l'aide d'un dispositif intitulé le « casque de Dieu ». Persinger attache le casque sur la tête de ses cobayes et baigne leur hémisphère droit dans un faible champ électromagnétique. Ceux qui ont été reliés à l'appareil affirment avoir ressenti la présence de Dieu ou une union avec l'univers, ce qui suggère à nouveau que les pensées et les expériences mystiques et spirituelles feraient partie de notre neurophysiologie[8]. En parallèle, à l'université de Pennsylvanie, Andrew Newberg a scanné le cerveau de nonnes en pleine extase religieuse et en liaison avec Dieu. Ses images montrent qu'à ce moment-là la partie du cerveau consacrée au sens de soi est moins active, d'où la sensation d'être uni à quelque chose de plus grand. Tous ces travaux ont donné naissance à un nouveau domaine, la neurothéologie, ou l'exploration des relations entre le cerveau et les expériences spirituelles. Comme le remarque Steven Quartz, neuroscientifique à Caltech : « L'étude de notre constitution biologique démontre de manière incroyable que nous sommes des créatures sociales sensées qui avons besoin de cohérence et de but[9]. »

Au final, nous devons prendre la spiritualité au sérieux car il a été démontré qu'elle avait la capacité d'améliorer notre existence – ce qui a beaucoup de valeur, vu que nous sommes si nombreux à avoir satisfait et plus que satisfait nos besoins matériels. Par exemple, certaines pathologies propres au monde d'aujourd'hui (stress, maladies cardiaques, etc.), pourraient être soulagées si l'on prenait soin de l'esprit. Selon une étude de la Duke University, les personnes qui prient régulièrement ont en moyenne moins de tension que les autres. Les chercheurs de la Johns Hopkins University ont découvert que les personnes pratiquantes présentaient moins de risques de développer une maladie cardiaque, certains cancers ou de se suicider. Une autre étude a prouvé que les femmes pour qui le sens et le but de la vie étaient essentiels avaient un plus grand nombre de cellules « tueuses » de virus et de certaines cellules cancéreuses. D'autres études montrent que ceux qui croient que la vie a un but supérieur sont moins touchés par les maladies de cœur. D'après une étude du Dartmouth College, on pouvait établir un pronostic de survie parmi des patients opérés à cœur ouvert à partir de la confiance qu'ils plaçaient dans la foi et les prières. Ceux qui vont à l'église (la synagogue, la mosquée...) semblent vivre plus longtemps que ceux qui ne s'y rendent pas, même en neutralisant un tas de variables biologiques et comportementales[10].

Il s'agit d'un sujet délicat et controversé, et cela est en partie dû aux charlatans qui ont invoqué le pouvoir de Dieu pour guérir les infirmes. Si vous ne comptez que sur la spiritualité pour combattre le cancer ou réparer des os cassés, vous méritez les résultats désastreux qui s'ensuivront. Cependant, une approche bicérébrale – raison et pensée G associées à esprit et pensée D – peut être efficace. Comme je l'ai fait remarquer au chapitre 3, plus de la moitié des écoles de médecine propose aujourd'hui des cours de spiritualité et santé. Selon *Newsweek*, « 72 % des Américains affirment accepter d'avoir une conversation sur la foi avec leur médecin[11] ». Voilà une des raisons pour lesquelles certains médecins ont commencé à s'intéresser l'« histoire spirituelle » de leurs patients. Ils leur demandent s'ils recherchent un réconfort dans la religion, s'ils font partie d'une communauté de croyants, s'ils perçoivent un sens plus profond à leur vie. Sujet délicat s'il en est ! Mais, comme le racontait le Dr Harold Kœnig de la Duke University à *Religion News Service* : « Nous nous retrouvons à l'endroit où nous étions il y a vingt ans, quand on demandait aux médecins de s'intéresser à l'histoire sexuelle de leurs patients. » Kœnig estime qu'entre 5 et 10 % des médecins américains entendent, sous une forme ou une autre, leurs patients leur raconter leur histoire spirituelle[12]. Comme la médecine narrative, cette fusion de l'esprit et de la santé fait partie d'une tendance plus profonde à considérer la personne dans sa globalité et non plus comme le simple réceptacle de telle ou telle maladie.

Le monde professionnel est un autre domaine où l'on commence à prendre la spiritualité plus au sérieux. Si l'ère conceptuelle se pare de valeurs postmatérialistes et approfondit notre « besoin de sens », il paraît raisonnable que le phénomène s'enracine dans un endroit où nombre d'entre nous passons la plupart de nos journées.

Il y a cinq ans, Ian Mitroff, professeur à la Marshall School of Business de la University of Southern California et Elizabeth Denton, consultante, ont publié un rapport intitulé *A Spiritual Audit of Corporate America**. Après avoir interviewé une centaine de cadres sur la spiritualité dans le milieu du travail, ils en sont venus à de surprenantes conclusions. La plupart des personnes interrogées ont donné à peu près la même définition de la spiritualité : non pas une religion, mais « le désir basique de trouver un but et du sens à sa vie ». Pourtant, et c'est compréhensible, elles avaient tellement peur d'offenser leurs employeurs de diverses religions en parlant de spiritualité au travail qu'elles évitaient en général d'y faire la moindre allusion. Par ailleurs, en interrogeant les employeurs en question, Mitroff et Denton ont découvert qu'ils désiraient ardemment apporter leurs valeurs spirituelles (c'est-à-dire leur être dans sa globalité et non une seule partie de cet être) au travail, mais se sentaient mal à l'aise de le faire. Lisez ce rapport et vous aurez l'impression que l'on empêche un flot de sens et de motivation de pénétrer à l'intérieur des entreprises. Et pourtant, si cette vague spirituelle avait déferlé, les entreprises ne s'en seraient portées que mieux. Mitroff et Denton se sont aussi aperçus

* Audit spirituel de l'Amérique des entreprises.

que les entreprises qui reconnaissaient les valeurs spirituelles et les harmonisaient avec les objectifs de l'entreprise étaient plus performantes que les autres. En d'autres termes, laisser la spiritualité pénétrer sur les lieux de travail ne distrait pas les sociétés de leur but, mais les aide bien souvent à les atteindre.

Un nombre croissant d'entreprises semble cependant se familiariser avec l'idée, ce qui risque d'entraîner une augmentation de la spiritualité dans le monde du travail, ainsi qu'une demande croissante des employés pour des entreprises accordant autant d'importance au sens qu'à la rémunération. Selon un récent sondage américain, plus de trois adultes sur cinq croient qu'un plus grand sens de la spiritualité dans l'entreprise serait bénéfique. 70 % des personnes interrogées lors de l'enquête de management annuelle du groupe de réflexion britannique Roffey Park disent vouloir que leur lieu de travail ait plus de sens. Ces quelques dernières années, des groupes tels que l'Association of Spirit at Work * et des événements tels que la conférence internationale annuelle *Spirit in Business* ont vu le jour.

La spiritualité est par ailleurs un secteur économique en plein boom. Il regroupe des entreprises commerciales qui aident une population à la recherche de sens à assouvir son besoin de transcendance. Souvenez-vous de l'industrie de la bougie au chapitre 2. Ou pensez à la prolifération des cours de yoga, des librairies évangéliques et des produits « verts », de la Toyota Prius aux produits cosmétiques de Body Shop. Rich Karlgaard, rédacteur au nez creux chez *Forbes*, affirme que c'est le prochain cycle des affaires. Il y a d'abord eu la révolution qualitative des années 1990, puis ce que Karlgaard appelle la « révolution bon marché » qui a réduit de manière dramatique le coût des biens et services et généralisé le téléphone portable et l'Internet un peu partout dans le monde. « Et maintenant ? demande-t-il. Du sens.

* Que l'on pourrait traduire par l'Association pour la transcendance au travail.

Du but. Des expériences profondes. Utilisez le mot ou l'expression qui vous plaît, mais sachez que le désir du consommateur dans ce domaine est en hausse. Replongez dans votre Abraham Maslow et votre Viktor Frankl. Et construisez votre business là-dessus[13]. »

Prendre le bonheur au sérieux

« On ne peut pas poursuivre le bonheur, a écrit Viktor Frankl, il doit s'ensuivre. » Oui, mais de quoi s'ensuit-il ? Cette question taraude l'humanité depuis toujours. Aujourd'hui, le domaine de la psychologie commence à fournir quelques éléments de réponses, dans une grande mesure grâce aux travaux du Dr Martin E. P. Seligman, professeur à l'université de Pennsylvanie et fondateur du mouvement de la « psychologie positive ».

« Vous ne trouverez pas le sens de la vie sur un papier caché sous un rocher et rédigé par quelqu'un d'autre. Vous le trouverez en donnant du sens à votre vie depuis l'intérieur de vous-même. »

—DR ROBERT FIRESTONE,
auteur et psychothérapeute

Depuis sa naissance, la psychologie officielle a abordé tous les sujets, excepté celui du bonheur. Elle a étudié les maladies, les troubles, les dysfonctionnements et a quasiment ignoré ce qui satisfait et comble les gens. Quand il a repris la barre de l'Association américaine de psychologie en 1998, Seligman a lentement commencé à orienter le navire psy dans une nouvelle direction. Ses recherches, et celles des nombreux scientifiques qui ont centré leur attention sur la satisfaction et le bien-être, ont peu à peu dévoilé les secrets qui entourent les gens heureux, ce qui a encouragé le monde entier à prendre le bonheur au sérieux.

Selon Seligman, le bonheur provient d'un mélange de facteurs. Une partie dépend de la biologie. À la naissance, nos gênes portaient l'empreinte d'un taux relativement fixe et naturel de bien-être. Certains d'entre nous penchent vers le côté sombre du spectre, d'autres vers le côté enjoué. Cependant, nous pouvons tous apprendre à atteindre les niveaux supérieurs de notre taux naturel et trouver le bonheur. Parmi ce qui contribue au bonheur, d'après Seligman, on trouve : accomplir un travail motivant, éviter les émotions et les événements négatifs, être marié, avoir un réseau social riche. Sont également importants la gratitude, le pardon et l'optimisme. (Selon cette étude, gagner plus d'argent, acquérir de nombreux diplômes et vivre sous un climat agréable ne semblent avoir aucune espèce d'importance.)

En rassemblant ces éléments, on crée ce que Seligman appelle une « vie agréable », une vie remplie d'émotions positives par rapport au passé, au présent et à l'avenir. Mais cette vie agréable n'est qu'un barreau de l'échelle hédonique. Au-dessus se trouve ce que Seligman nomme la « bonne vie », au cours de laquelle on utilise ses atouts pour atteindre une grande satisfaction dans les principaux domaines de son existence. Cela peut transformer le travail (que Studs Terkel appelait « une espèce de mort du lundi au vendredi ») en une vocation. « La vocation est la forme la plus satisfaisante de travail parce que, comme le plaisir, elle est accomplie pour soi et non pour le bénéfice matériel qu'elle apporte, déclare Seligman. L'état de flux qui en résulte deviendra la principale raison de travailler, devant la récompense matérielle. Je vous le prédis. » Cette bonne vie est aussi bonne pour les affaires. « Davantage de bonheur implique plus de productivité et un meilleur revenu », écrit Seligman. Les principes de la psychologie positive commencent même à inspirer certains théoriciens du management.

La bonne vie n'est pas le dernier échelon. « Il existe une troisième forme de bonheur que les hommes poursuivent sans relâche. C'est la quête de sens : savoir quelles sont ses forces suprêmes et les utiliser au service de quelque chose de plus grand que soi[14] », continue Seligman. Aller au-delà de soi de cette manière n'est pas très différent de la méditation des nonnes et des moines. Dans la mesure où la croissance de la prospérité et de l'abondance a permis à un nombre toujours plus grand de personnes d'y avoir accès (et que nous sommes de plus en plus nombreux à en exprimer le désir), le sens se déplace au centre de notre vie et de notre conscience.

La meilleure vente de livres de business de la dernière décennie est un petit volume au titre étrange : *Qui a piqué mon fromage ? ou Comment s'adapter au changement au travail, en famille et en amour*[*], une parabole sur le monde des affaires qui s'est vendue à plusieurs millions d'exemplaires à travers le monde. Ce livre met en scène Hem et Haw, deux bestioles ressemblant à des souris qui vivent dans un dédale et adorent le fromage. Un jour, alors que cela fait des années que leur fromage se trouve à la même place, Hem et Haw ont la désagréable surprise de constater la disparition de leur précieux cheddar. Oui, quelqu'un leur a piqué leur fromage. Les deux compères réagissent différemment à la situation. Hem, le geignard, veut attendre qu'on leur en dépose un nouveau morceau. Haw, souriceau anxieux mais réaliste, veut s'aventurer dans le dédale, à la recherche de nouvelles portions. Au final, Haw convainc Hem d'agir pour résoudre leur problème plutôt qu'attendre une solution magique. Les souriceaux vécurent heureux jusqu'à la fin de leurs jours (du moins, jusqu'à ce qu'on leur pique à nouveau leur fromage). La morale de l'histoire ? Le changement est inévitable, mais, quand il survient, la réponse la plus sage n'est ni de geindre ni de larmoyer, mais d'absorber le choc et de faire face.

Si je ne suis pas en désaccord avec le message de *Qui a piqué mon fromage ?*, la métaphore me contrarie. Sous l'ère conceptuelle, l'Asie et

* Spencer Johnson, *[Who Moved My Cheese ?]*, trad. Jean-Pascal Bernard, Paris, Michel Lafon, 2000.

l'automatisation risquent de nous piquer notre fromage constamment, façon de parler. Sauf que, dans une ère d'abondance, nous ne vivons plus dans un dédale. Aujourd'hui, la métaphore la plus appropriée de notre époque est le labyrinthe. L'imagination populaire confond souvent dédales et labyrinthes, mais ils diffèrent de manière importante. Un dédale est une série de chemins compartimentés et déroutants ; la plupart conduisent à des impasses. Quand vous entrez, votre objectif est d'en échapper, aussi vite que possible. Un labyrinthe est un parcours de marche en spirale. Quand vous entrez, votre but est de suivre le chemin jusqu'au centre, de vous arrêter, de faire demi-tour et de sortir, peu importe l'allure. Les dédales sont des puzzles analytiques qu'il faut résoudre, les labyrinthes une forme de méditation ambulatoire. Les dédales désorientent, les labyrinthes recentrent sur soi. On peut s'égarer dans un dédale, on peut se perdre soi-même dans un labyrinthe. Les dédales impliquent le cerveau gauche, les labyrinthes libèrent le cerveau droit.

Il existe plus de quatre mille labyrinthes publics et privés aux États-Unis. Ils gagnent en popularité pour les multiples raisons que j'ai évoquées dans ce chapitre et le reste du livre. « À une époque où de nombreux Américains recherchent au-delà des chaires d'église un réconfort et une expérience spirituelle, un nombre croissant a redécouvert le labyrinthe en tant que chemin vers la prière, l'introspection et la guérison émotionnelle[15] », rapporte le *New York Times*. On en trouve partout : sur les places de village suisses, sur les terrains de golf des villages anglais, dans les parcs publics de l'Indiana, de l'État de Washington ou du Danemark, dans les universités de Californie du Nord, dans les prisons de Californie du Sud, dans les lieux de culte comme Riverside Church à Manhattan, la National Cathedral à Washington, les églises méthodistes d'Albany, une église unitarienne de San Jose, et une synagogue à Houston[16]. Les labyrinthes ont fait leur apparition dans les hôpitaux et les autres installations

médicales, comme celle de la photo ci-dessus au Bayview Medical Center de la Johns Hopkins University à Baltimore.

J'ai parcouru ce labyrinthe un matin il y a peu. Il est composé de briques de dix centimètres sur dix centimètres. Huit cercles concentriques, faits de briques blanches de taille identique, gravitent autour d'un espace central d'environ soixante centimètres de diamètre. Le long du bord extérieur, des mots ont été gravés sur quelques briques : créer, foi, sagesse, croire. Souvent, les visiteurs choisissent l'un de ces mots qu'ils répètent comme un mantra tout en progressant vers le centre. Je commence ma marche en partant vers la gauche et je longe le premier cercle. Tandis que je regarde autour de moi, je vois quelques bâtiments du Medical Center d'un côté et un parking de l'autre. En résumé, rien de transcendant. Je marche simplement dans un cercle. Alors, je recommence. Pour éviter d'être distrait, je baisse les yeux. Je me concentre sur deux lignes incurvées qui dessinent mon chemin et je reprends ma marche, aussi lentement que possible. Les lignes s'enroulent autour de moi. Au bout d'un moment, j'ai l'impression de rouler sur une longue route déserte. Comme il n'y a rien pour retenir mon attention, mon esprit s'écarte de sa route et cette dérive a un effet apaisant inattendu. Cette expérience, et cela n'est peut-être pas surprenant, est similaire à celle vécue pendant le cours de dessin du chapitre 6 et au club de rire du chapitre 8. Elle a bloqué les pouvoirs de ma pensée G. « Le labyrinthe permet au cerveau droit de s'échapper, affirme David Tolzman, qui a conçu et construit le labyrinthe de Johns Hopkins. Pendant que le cerveau gauche s'engage dans une progression logique – suivre le chemin –, le cerveau droit est libre de penser de manière créative. »

Celle qui a le plus fait pour la promotion des labyrinthes est le Dr Lauren Artress, prêtre à la cathédrale épiscopalienne Grace de San Francisco. Il y a quelques années, elle s'est rendue à la cathédrale de Chartres, dont la nef abrite un labyrinthe de douze mètres de diamètre, tracé sur le sol. Lors de sa visite, plusieurs rangées de chaises masquaient le dessin qui n'avait pas été utilisé depuis deux cent cinquante ans. Lauren Artress a déplacé les chaises, parcouru le labyrinthe avant d'importer le concept aux États-Unis. Elle en a installé deux magnifiques, et aujourd'hui populaires, à Grace. Puis elle a instauré une cléricature appelée Verditas qui propose une formation et des kits labyrinthiques pour les églises et autres organismes. « Nous vivons dans un monde axé sur la pensée G… et nous voilà face à un univers entier à intégrer afin de relever les défis du siècle prochain », déclare le Dr Artress. Quand on pénètre dans un labyrinthe, « la conscience passe du linéaire au non-linéaire ». Remonte à la surface « la structure profonde et intuitive de l'être ». Cette expérience est différente de celle qu'on vit dans un dédale, continue-t-elle. « [Un dédale] vous emmène dans une partie totalement différente de votre être, loin de cette impression de résolution des problèmes, du "j'espère que je vais y arriver". » La forme même du labyrinthe est significative.

« Le cercle est l'archétype de la plénitude, de l'unité. Quand on entre dans un labyrinthe, on voit défiler sa vie entière[17]. »

> **« Nous ne sommes pas des êtres humains sur un sentier spirituel, mais des êtres spirituels sur un sentier humain. »**
>
> — DR LAUREN ARTRESS,
> *prêtre épiscopalienne et pionnière en labyrinthe*

Environ quarante hôpitaux et centres médicaux possèdent leur propre labyrinthe (l'empathie et le récit ont commencé à infiltrer le monde médical pour les mêmes raisons). Peu à peu, on admet que l'approche analytique des soins, bien qu'absolument nécessaire, ne suffit pas toujours. L'approche spirituelle, autrefois considérée comme les élucubrations New Age d'une bande d'allumés, peut aider les patients à se sentir mieux. Cette pensée bicérébrale a conduit au labyrinthe de Johns Hopkins, l'un des meilleurs établissements médicaux du monde. Ses promoteurs voulaient un endroit où les patients, leurs familles et les équipes médicales puissent « trouver une relaxation physique et mentale ». Cela marcherait. Devant le labyrinthe, deux carnets jaunes, usés, attendent les personnes qui ont parcouru le labyrinthe et veulent coucher leurs pensées. Ces carnets témoignent du réconfort et du sens que le labyrinthe leur a apporté. Les médecins et les infirmières écrivent qu'ils viennent là après des expériences stimulantes ou poignantes. Les familles de personnes hospitalisées écrivent qu'elles viennent là pour prier, réfléchir, se distraire. Ces carnets sont aussi remplis d'histoires rédigées par les patients eux-mêmes, comme celle-ci, écrite quelques jours avant mon passage :

Je m'unis à l'esprit de tous ceux qui ont déambulé dans ce labyrinthe et écrit sur ces pages.
Mon opération, il y a une semaine aujourd'hui, marquait le commencement d'une nouvelle phase de mon existence. Le mot que j'ai choisi pour m'accompagner dans le labyrinthe était « CROIRE ».
Je crois en un nouvel avenir.

Bien entendu, les labyrinthes ne sauveront pas le monde. Ni aucun des six sens dont j'ai parlé dans ce livre. Faire la transition entre l'ère de l'information et l'ère conceptuelle, passer d'un environnement de pensée G à un environnement de pensée D, ajouter des compétences artistiques et empathiques à notre penchant pour la logique et l'analyse ne sera pas facile. Peu de choses qui en valent la peine le sont. C'est peut-être là l'intérêt. Comme Viktor Frankl aurait pu nous le dire, la vie idéale n'est pas une chasse au fromage motivée par la peur, mais plutôt une marche à l'intérieur d'un labyrinthe, où l'objectif serait le voyage en lui-même.

PORTFOLIO

Design

Histoire

Symphonie

Empathie

Jeu

Sens

Dire merci

La gratitude fonctionne. Elle améliore le bien-être et approfondit le sentiment du sens. Voilà pourquoi Martin Seligman, dont j'ai décrit le travail un peu plus haut dans ce chapitre, recommande la « visite de gratitude ». Cela marche ainsi : vous pensez à une personne proche qui a été gentille ou généreuse envers vous mais que vous n'avez pas remerciée correctement. Vous lui écrivez une « lettre de gratitude » détaillée pour lui expliquer en termes concrets pourquoi vous lui êtes reconnaissant. Puis vous rendez visite à cette personne et lui lisez la lettre à voix haute. Selon Seligman, ce rituel est très efficace.

Les recherches de Seligman, comme les travaux des élèves toujours plus nombreux qui étudient la psychologie positive, suggèrent que la gratitude est un composant clef du bonheur personnel. Les gens qui sont reconnaissants pour certains faits de leur passé, qui repensent à leurs succès plutôt que de ressasser d'amères déceptions, ont tendance à être plus satisfaits du présent. La visite de gratitude, affirme Seligman, peut être une manière efficace d'« accroître l'intensité, la durée et la fréquence de la mémoire positive ».

La visite de gratitude peut engendrer une véritable dynamique. Ceux que l'on remercie souvent commencent à penser à leurs proches qu'ils ne remercient jamais. Ils effectuent leur propre pèlerinage, comme parfois, à leur tour, les bénéficiaires de leurs remerciements, et il en résulte une extraordinaire chaîne de gratitude et de contentement.

Deux variations sur ce thème : la liste de gratitude de son anniversaire et la gratitude quotidienne. La première est simple. Une fois par an, le jour de votre anniversaire, vous faites une liste des choses pour lesquelles vous êtes reconnaissant – le nombre correspondra au nombre d'années que vous avez ce jour-là. (Quand j'ai commencé, pour mon quarantième anniversaire, ma liste de gratitude, elle incluait divers remerciements – du vin que j'avais aimé boire au fait que mes enfants soient en bonne santé ou que nous vivions dans un pays libre.) Votre liste gagnera un article par an, la théorie étant que plus vous vieillissez, plus votre reconnaissance grandit. Gardez vos listes et relisez-les à chacun de vos anniversaires. Elles vous apporteront un sentiment de satisfaction qui apaisera votre angoisse face au passage du temps. La gratitude quotidienne est une manière de tisser la reconnaissance dans votre routine journalière. Tous les jours, à un certain moment, pensez à une chose pour laquelle vous êtes reconnaissant. Certaines personnes le font avant de s'endormir, d'autres en accompagnement d'une routine existante, quand ils boivent leur café le matin, font leur lit, vont chercher le journal, etc. Vous trouvez que ces exercices de gratitude sont des trucs de chochottes ? Essayez quand même pour voir. Je vous garantis que vous m'en serez… reconnaissants.

Passer le test 20/10

Je tiens cet exercice de Jim Collins, auteur du best-seller *De la performance à l'excellence : devenir une entreprise leader* *. Il encourage les gens à se pencher sur leur vie, en particulier leur travail, et à se

* [*Good to Great*], trad. Agnès Prigent, Paris, Village mondial, 2003.

demander s'ils continueraient ainsi s'ils n'avaient plus à se soucier d'argent ou si le temps leur était compté. Par exemple, si vous héritiez de vingt millions de dollars ou d'euros, sans conditions, passeriez-vous vos journées de la même manière ? Si vous saviez qu'il vous reste au maximum dix ans à vivre, vous accrocheriez-vous à votre job actuel ? Si la réponse est non, cela devrait vous mettre la puce à l'oreille. Ce test seul ne déterminera évidemment pas le cours de votre vie. Mais l'approche est maligne et les réponses peuvent être éclairantes.

Mesurer son esprit

Lors de mes recherches, je suis tombé sur deux autoévaluations (en anglais) qui permettent de mesurer les qualités et les attitudes associées au sens. Le sens ayant une signification très fluctuante, aucun de ces instruments ne mesure exactement ce que j'entends par là. Mais elles sont toutes deux intéressantes, utiles et valent le coup d'œil.

La première provient du Dr Ralph Piedmont de *Loyola College* dans le Maryland, qui a développé ce qu'il nomme ST – *Spiritual Transcendence Scale* [échelle de transcendance spirituelle]. Elle ressemble beaucoup aux autres évaluations dont j'ai parlé dans les différents portfolios. Vous répondez à une série de questions puis vous additionnez les points obtenus. Piedmont affirme que « les gens intéressés par la transcendance spirituelle croient qu'il existe un dessein et un sens plus large à la vie, quelque chose qui va au-delà de notre existence mortelle... Ceux qui s'intéressent peu à la transcendance spirituelle sont plus concernés par les aspects matériels de la vie et ne voient pas un sens plus large à l'existence autre que ce qu'elle nous offre ici-bas. »

(*Pour plus d'informations* : www.evergreen.loyola.edu/~rpiedmont/STSR.htm)

La seconde autoévaluation, appelée INSPIRIT – *Index of Core Spiritual Experience* [index des expériences spirituelles centrales] – est l'œuvre du Dr Jared Kass de Lesley College dans le Massachusetts. Ce test mesure votre expérience spirituelle et votre sens général du bien-être, puis il détermine comment les deux se recoupent. Par exemple, quand j'ai passé ce test, on m'a dit : « Vous avez un sens du bien-être sain, mais la spiritualité n'est peut-être pas une alliée importante. » À nouveau, ce test n'a pas le monopole de la compréhension de soi, mais il permet de se rendre compte à quel point la spiritualité joue un rôle important dans notre bonheur.

(*Pour plus d'informations* : www.tinyurl.com/5sz7u)

Lire ces livres

Recommander des livres sur le sens est difficile. La plupart des bons romans de la grande littérature et des textes religieux dans le monde entier traitent ce sujet : qu'est-ce que le sens ? comment le trouver ? Par conséquent, les recommandations suivantes éluderont les grands romans et les textes sacrés. Lisez *Le Sermon sur la montagne*, des extraits de la Torah ou du Coran si cela vous chante. Mais si vous cherchez des guides contemporains et plus profanes, feuilletez les ouvrages suivants.

Découvrir un sens à sa vie avec la logothérapie de Viktor Frankl – Je l'ai dit, c'est tout simplement l'un des livres les plus importants que vous lirez jamais.

Authentic Happiness de Martin E. P. Seligman – Cela m'étonne que si peu de gens aient lu ce livre et absorbé ses leçons (et qu'il n'ait pas été traduit). Il s'agit d'une introduction idéale à la psychologie positive qui comprend toutes sortes d'exercices afin de vous aider à mettre en œuvre vos découvertes dans la vie courante. (*Pour plus d'informations* : www.authentichappiness.org)

Vivre : la psychologie du bonheur de Mihály Csíkszentmihályi – Le « flux », quand vous êtes tellement absorbé et captivé par une activité que vous en perdez toute notion de temps et de lieu, est un composant du sens. Ce livre est votre guide.

Que faire de ma vie ? de Po Bronson [*What Should I Do with my Life*], trad. Marie Gontier, Varennes, ADA, 2004. – Qu'est-ce que je vais faire de ma vie ? est une question que l'on s'est tous posée un jour. Et c'est celle qu'a soumise Po Bronson à des centaines de personnes à travers les États-Unis. Il en résulte un trésor d'histoires émouvantes, inspiratrices et pénétrantes.

L'esprit en éveil d'Ellen Langer [*Mindfulness*], trad. Michèle Garène, Paris, InterÉditions, 1990. – Nous sommes trop nombreux à trébucher dans la vie par manque d'attention, déclare Langer, professeur à Harvard. Nous sommes coincés dans notre petite routine et ignorons notre environnement. Briser cette idée préconçue peut être le chemin qui mène à la créativité et au sens.

L'art du bonheur 1 de Sa Sainteté le dalaï-lama et Howard C. Cutler, M.D. Trad. Adrien Calmevent, Paris, Robert Laffont, 1999. – Le dalaï-lama rend visite à Cutler, médecin, et, dans une série d'interviews, explique sa philosophie de la vie et développe l'idée que « le but ultime de la vie est la recherche du bonheur ». Deux ouvrages du même ordre sont aussi bons : *L'Art du bonheur 2* [*The Art of Happiness at Work*], trad. Karachel, Paris, Robert Laffont, 2004, nouvelle collaboration entre le dalaï-lama qui étend les principes du bonheur bouddhiste au bureau. Un *Art du bonheur 3* est annoncé chez le même éditeur. *Surmonter les émotions destructrices* [*Destructive Emotions*], trad. Anatole Muchnik, Paris, Robert Laffont, 2003. est un « dialogue scientifique » fascinant avec le dalaï-lama que Daniel Goleman a eu durant la conférence *Mind and Life* en 2000.

Donner du sens à sa vie de Rosette Poletti et Barbara Dobbs, Bernex, Jouvence, 2002. – Ce petit livre, simple et clair, vous aidera à construire le sens que vous voulez donner à votre vie.

Visiter un labyrinthe

J'ai essayé la méditation et ce n'est pas trop mon fort… J'ai envisagé le yoga, mais (physiquement au moins) je ne suis pas très souple. Je dois admettre que je me suis pris au jeu des labyrinthes, à tel point que j'ai songé à en installer un chez moi, le jour où j'aurai un petit bout de jardin ou de cour. L'avantage à mes yeux – attention peu soutenue, incapacité à rester assis plus de cinq minutes – est que le labyrinthe implique un mouvement. Et la méditation ambulatoire peut apaiser et aider à se recentrer sur soi-même. Si vous cherchez un labyrinthe, visitez ces sites web d'abord :

Le localisateur mondial de labyrinthes

www.veriditas.labyrinthsociety.org/

Tapez le nom de votre ville et de votre pays et découvrez les labyrinthes les plus proches de chez vous.

La société labyrinthique

www.labyrinthsociety.org

Ce groupe (le TLS) offre un site contenant une mine d'informations sur les labyrinthes. Ce site recèle aussi sa petite liste de labyrinthes, ainsi que quelques formidables labyrinthes virtuels.

Labyrinthos

www.labyrinthos.net

Centre de ressources britannique pour tout ce qui est labyrinthique. Bonne source sur les labyrinthes du Royaume-Uni.

Pour en savoir plus sur les labyrinthes, voici deux livres qui valent la peine d'être feuilletés : *Walking a Sacred Path* de Lauren Artress et l'épais recueil de photographies *Labyrinths and Mazes* du photographe allemand Jürgen Hohmuth.

Si vous finissez par attraper le virus des labyrinthes, vous trouverez toutes sortes de kits de construction ainsi que des labyrinthes portables. L'un des meilleurs sites pour se procurer de tels produits est celui de la Compagnie des labyrinthes (www.labyrinthcompany.com) qui a conçu le labyrinthe que j'ai parcouru à Johns Hopkins. Si vous ne comptez pas tracer un sentier unicirculaire sur votre pelouse, procurez-vous un « labyrinthe de poche » en bois, un objet qui tient dans la paume ou sur les genoux et vous permet de parcourir le labyrinthe en en traçant le dessin avec l'index. Ils sont étrangement relaxants et vous n'avez nul besoin de quitter la maison ou le bureau.

(*Pour plus d'informations* : www.relax4life.com)

Le parc des labyrinthes offre un voyage haut en couleur au cœur des plus beaux labyrinthes de France et de Navarre.

(*Pour plus d'informations* : www.labyrinthus.com)

Suivez le guide !

www.labyrinthes-de-france.com

Sans oublier le plus ludique des parcs à thèmes situé dans un océan de maïs, près de Besançon : www.ludale.com

Si vous préférez les thuyas et la Suisse, rendez-vous sur : www.labyrinthes.ch

S'imaginer à quatre-vingt-dix ans

La longévité augmente et nombre d'entre nous atteindront les quatre-vingt-dix ans. Accordez-vous une demi-heure pour vous imaginer à cet âge vénérable et en endosser l'état d'esprit. À quoi ressemble votre vie de là-haut ? Qu'avez-vous accompli ? À quoi avez-vous contribué ? Quels sont vos regrets ? Ce n'est pas un exercice facile, ni intellectuellement ni émotionnellement. Mais il peut devenir très précieux et vous aider à satisfaire l'un des impératifs les plus importants de Viktor Frankl : « Vivez comme si une seconde existence s'offrait à vous, comme si vous aviez mal agi la première fois et que vous vous apprêtiez à mal agir à nouveau. »

POSTFACE

Nous avons couvert beaucoup de terrain ensemble. Et j'espère que vous avez eu autant de plaisir à lire *L'Homme aux deux cerveaux* que j'en ai eu à l'écrire. Alors que vous vous préparez à entrer dans l'ère conceptuelle, laissez-moi vous confier quelques pensées avant de nous séparer.

Comme je l'ai expliqué au chapitre 3, votre avenir dépend de vos réponses à trois questions. Dans cette nouvelle ère, chacun d'entre vous devra faire attention à ses actes et se demander :

1. Une personne à l'étranger peut-elle le faire à moindre coût ?
2. Un ordinateur peut-il être plus rapide ?
3. Ce que j'offre satisfait-il les désirs non matériels et transcendants de cette ère d'abondance ?

Ces trois questions marqueront la ligne de faille entre ceux qui vont de l'avant et ceux qui restent sur le bas-côté. Les individus et les organismes qui canalisent leurs efforts sur ce que l'on ne peut pas faire à moindre coût à l'étranger et ce que les ordinateurs ne peuvent pas faire plus rapidement, mais aussi sur les exigences esthétiques, émotionnelles et spirituelles d'une époque florissante, prospéreront. Ceux qui négligent ces trois questions peineront.

Le temps que je finisse mon manuscrit, deux équipes d'économistes ont publié des études qui viennent étayer l'idée centrale de ce livre. W. Michael Cox et Richard Alm de la Federal Reserve Bank de Dallas ont étudié dix années de données sur l'emploi et découvert que les plus grands bénéfices ont été dégagés par des métiers qui nécessitent « des talents humains : sociabilité et intelligence émotionnelle » (infirmière diplômée d'État par exemple), « de l'imagination et de la créativité » (designer par exemple). Frank Levy du Massachusetts Institute of Technology et Richard Murnane de *Harvard* ont publié un excellent livre, *The New Division of Labor: How Computers Are Creating the Next Job Market,* dans lequel ils affirment que les ordinateurs sont en train de supprimer les travaux routiniers. L'arrivée des PC de bureau et l'automatisation des processus d'affaires, selon eux, ont accru la valeur de deux catégories de compétences humaines. La première est ce qu'ils appellent la « pensée experte, résoudre de nouveaux problèmes pour lesquels il n'existe aucune solution routinière ». L'autre est la « communication complexe : persuader, expliquer et parfois transmettre une interprétation particulière de l'information ».

Il semble clair que l'aube se lève sur l'ère conceptuelle et que ceux qui espèrent survivre doivent maîtriser les capacités high concept et high touch que j'ai décrites. Cette situation augure promesse et danger. La promesse : les métiers de l'ère conceptuelle seront extrêmement démocratiques. Vous n'aurez pas besoin de concevoir le prochain téléphone portable ou de découvrir une nouvelle source d'énergie renouvelable. Il y aura beaucoup de travail non seulement pour les inventeurs, les artistes et les entrepreneurs mais aussi pour un large éventail de professionnels imaginatifs, émotionnellement intelligents, adeptes de la pensée D, des conseillers aux masseurs, des enseignants aux stylistes en passant par des vendeurs de talent. Qui plus est, comme j'ai essayé de l'expliquer, les capacités dont vous avez besoin – design, histoire, symphonie, empathie, jeu et sens – sont d'abord des attributs humains qui sont présents en chacun de nous et doivent simplement être nourris pour exister.

Le danger : notre monde avance à une allure forcenée. Les ordinateurs et les réseaux croissent plus vite et sont plus interconnectés de jour en jour. La Chine et l'Inde deviennent des monstres économiques. L'abondance matérielle dans le monde avancé continue à croître. Cela signifie que les plus belles récompenses iront à ceux qui agissent vite. Le premier groupe de personnes qui développera une nouvelle façon de penser, qui maîtrisera les capacités high concept et high touch, se portera à merveille. Les autres, ceux qui avancent lentement, voire stagnent, risquent de rater le coche et d'en pâtir.

Ce choix est le vôtre. Cette nouvelle ère offre d'énormes possibilités, mais elle est injuste envers les personnes qui fonctionnent au ralenti, comme celles à l'esprit rigide. J'espère que ce livre vous fournira l'inspiration et les outils dont vous aurez besoin pour voyager. J'aimerais connaître vos expériences. Je compte aussi mettre à jour et étendre les portfolios pour l'édition de poche de ce livre. Si vous avez une histoire à raconter ou un exercice à recommander, faites-le-moi savoir. Vous pouvez me contacter sur dhp@danpink.com.

Merci de m'avoir lu. Bon courage dans l'ère de l'art et du cœur.

DANIEL H. PINK
Washington, USA

REMERCIEMENTS

L'Homme aux deux cerveaux est le produit d'un tas d'esprits. Une centaine de personnes ont répondu à mes questions, grandes et petites, et participé à des interviews, longues et courtes, pour m'aider à mettre de l'ordre dans une multitude d'idées et d'informations. Merci à tout le monde. Cependant, quelques-uns méritent une mention spéciale :

Rafe Sagalyn est simplement le meilleur agent littéraire, le conseiller le plus malin, l'ami et l'auteur le plus génial que je puisse avoir. Il m'a aidé tout au long de ce livre. Il a eu aussi la bonne idée d'engager Jennifer Graham et Amy Rosenthal.

Mille mercis à mon éditeur chez Riverhead Books, Cindy Spiegel, qui m'a aidé à dépasser le stade anal, celui où l'enfant tend à faire de la rétention, et à son assistante Susan Ambler, pour sa patience infinie.

Marc Tetel, neuroscientifique à *Skidmore College*, a vérifié et revérifié tout ce que j'ai écrit sur le cerveau. Si j'avais su un quart de siècle plus tôt que le petit maigrichon de Caroline du Nord qui vivait à l'autre bout du dortoir en première année deviendrait un scientifique extraordinaire, un éditeur sensationnel et un ami pour la vie... (S'il reste des erreurs, ce sont les miennes et non les siennes !) Un coup de chapeau à Jon Auerbach, autre première année et voisin de dortoir devenu neuroscientifique, qui m'a suggéré un scanner du cerveau au NIH.

Tom Peters, Seth Godin et Po Bronson m'ont apporté une pléthore d'excellents conseils en édition et marketing. Dan Charles, Jack Donahue, Lesley Pink, Alan Webber et Renee Zuckerbrot ont lu des extraits du manuscrit et fourni des suggestions utiles. Jeff O'Brien et Bob Cohn ont avec habileté affiné mes arguments sur l'externalisation et l'ère conceptuelle.

Comme toujours, ma plus grande gratitude revient à la maison. Les petits Pink – Sophia, Eliza et Saul – sont une source infinie d'émerveillement, de fierté et d'humilité. Même s'ils sont encore jeunes, je suis heureux d'annoncer qu'ils semblent tous destinés à des carrières high concept et high touch, Sophia comme romancière, Eliza comme professeur de dessin et Saul comme conducteur de pelleteuse. N'oublions pas leur maman, Jessica Anne Lerner, qui a plus contribué à ce livre qu'elle ne le croit. Sans elle, mon esprit, mon cœur et ma vie ne seraient pas complets.

NOTES

INTRODUCTION

1. À ma connaissance, l'inventeur du terme « *high touch* » est John Naisbitt, qui l'a utilisé en premier dans son livre *Les Dix Commandements de l'avenir* paru aux États-Unis en 1982 ([*Megatrends*], trad. Gérard Piloquet, Paris, Sand, 1984) afin de décrire la réaction historique commune aux avancées technologiques. « Chaque fois qu'une nouvelle technologie est introduite dans une société, écrit Naisbitt, une réponse humaine doit faire contrepoids – autrement dit, elle doit être high touch – ou la technologie sera rejetée. » Même si j'utilise ce terme dans un sens différent, j'insiste sur le fait que je n'ai pas fabriqué cette expression et que je suis redevable à Naisbitt de l'avoir ajoutée dans le vocabulaire culturel mondial.

CHAPITRE I : L'ASCENSION DU CERVEAU DROIT

1. Il s'est avéré que cliquer sur des boutons et relier les expressions n'était pas primordial à cette recherche. Ces exercices étaient surtout destinés à s'assurer que les sujets accordaient toute leur attention aux photos.
2. Floyd E. Bloom, M.D., M. Flint Beal, M.D., David J. Kupfer, M.D., *The Dana Guide to Brain Health*, Free Press, 2003, 14, 28, 85 ; Susan Greenfield, *The Human Brain: A Guided Tour*, Weinfeld & Nicholson, 1997, 28.
3. Nicholas Wade, « Roger Sperry, a Nobel Winner for Brain Studies, Dies at 80 », *New York Times*, 20 avril 1994.
4. Betty Edwards, *The New Drawing on the Right Side of the Brain*, Tarcher/Putnam, 1999, 4.
5. Robert Ornstein, *The Right Mind: Making Sense of the Hemispheres*, Harcourt Brace & Company, 1997, 2.
6. Bloom et al., 8.
7. Eric A. Havelock, *The Muse Learns to Write: Reflections on Orality and Literacy from Antiquity to the Present*, Yale University Press, 1988, 110-117.
8. Neil R. Carlson, *Physiology of Behavior*, 8e édition, Allyn and Bacon, 2004, 84-85.
9. *Ibid.*, 48.
10. Chris McManus, *Right Hand Left Hand: The Origins of Asymmetry in Brains, Bodies, Atoms and Cultures*, Harvard University Press, 2002, 181.
11. Voir Ornstein, *The Right Mind...*, op. cit., 37. Autre exemple : « Les Japonais utilisent à la fois une écriture phonétique (kana) et une écriture pictographique (kanji). Les recherches montrent que le kana est mieux traité par l'hémisphère gauche, tandis que le kanji est mieux appréhendé par l'hémisphère droit. » Voir *ibid.*, 41.
12. *Ibid.*, 140.
13. Carlson, *Physiology...*, op. cit., 84-85.
14. Jerre Levy-Agresti et R.W. Sperry, « Differential Perceptual Capacities in Major and Minor Hemispheres », *Proceedings of the National Academy of Sciences*, vol. 61, 1968.
15. Cette métaphore n'est pas de moi, mais de neuroscientifiques. Cependant, aucun d'entre eux ne semblait savoir de qui venait cette phrase délicieuse.
16. Ahmad Hariri et al., « The Amygdala Response to Emotional Stimuli: A Comparison of Faces and Scenes », *NeuroImage 17*, 2002,

217-223. Voir aussi Elizabeth A. Phelps et al., « Activation of the Left Amygdala to a Cognitive Representation of Fear », *Nature Neuroscience*, avril 2001.

17. Paul Ekman, *Emotions Revealed: Recognizing Faces and Feelings to Improve Communication and Emotional Life*, Times Books, 2003, 13.
18. McManus, *Right Hand...*, op. cit., 183-84.

CHAPITRE II : ABONDANCE, ASIE ET AUTOMATISATION

1. Drucker a d'abord parlé du concept élargi de « travail du savoir » dans son livre de 1959, *The Landmarks of Tomorrow* [*Que sera demain ?*, trad. Françoise Menant, Jean-Michel Girard et Robert Maze-Sencier, Paris, Organisation, 1961], bien qu'apparemment la première utilisation du terme soit dans « The Next Decade in Management » de Peter Drucker, *Dun's Review and Modern Industry*, 74, décembre 1959. Pour la première citation, je me suis appuyé sur l'excellent travail de Richard Donkin et son article du 30 octobre 2002 paru dans *The Financial Times*, « Employees as Investors ». Les deuxième et troisième citations viennent de Peter Drucker, « The Age of Social Transformation », *Atlantic Monthly*, novembre 1994. Pour certaines des dernières pensées de Drucker sur le sujet, voir Peter Drucker, « The Next Society », *The Economist*, 1er novembre 2003, dans lequel il définit les travailleurs du savoir comme des « personnes possédant un savoir et des connaissances théoriques considérables : médecins, avocats, comptables, ingénieurs en génie chimique ».
2. Staples 2003 Annual Report ; Staples Corporate Overview (disponible sur www.corporate-ir.net/ireye/ir_site.zhtml?ticker=PR_96244& &script=2100); « PETsMART Reports Second Quarter 2003 Results », PETsMART 2003 Annual Report, 28 août 2003.
3. Gregg Easterbrook, *The Progress Paradox: How Life Gets Better While People Feel Worse*, Random House, 2003, 6. Cet ouvrage astucieux d'Easterbrook contient aussi une sélection de statistiques qui confirment le passage d'une ère de pénurie à une ère d'abondance.
4. Les données proviennent du U.S. Bureau of Transportation Statistics, *2001 National Household Travel Survey*, disponible sur www.bts.gov
5. John De Graaf, David Wann et Thomas H. Naylor, *Affluenza: The All-Consuming Epidemic*, Berrett-Koehler Publishers, Inc., 2002, 32. Voir aussi les données sur www.selfstorage.org.

6. Polly LaBarre, « How to Lead a Rich Life », *Fast Company*, mars 2003.
7. Virginia Postrel, *The Substance of Style: How the Rise of Aesthetic Value Is Remaking Culture, Commerce and Consciousness*, HarperCollins, 2003.
   Plus de Postrel : « Mais le plus important, c'est que l'esthétique devient proéminente par rapport aux autres biens. Quand nous décidons de la manière dont nous allons dépenser notre argent, en tenant compte de ce que nous avons déjà, du prix et des avantages des autres options, il est probable que "regarder et ressentir" sont en haut de notre liste. Nous ne voulons pas plus de nourriture ou de dîners au restaurant – nous sommes déjà crevés. Non, nous voulons plus de goût, de la nourriture intéressante dans un environnement attrayant. De la quantité physique, nous avançons vers la qualité intangible et émotionnelle. »
8. Andrew Delbanco, *The Real American Dream: A Meditation on Hope*, Harvard University Press, 1999, 113.
9. Robert William Fogel, *The Fourth Great Awakening and the Future of Egalitarianism*, University of Chicago Press, 2000, 3.
10. « Wax Buildup », *American Demographics*, mars 2002.
11. Rachel Konrad, « Job Exports May Imperil U.S. Programmers », *Associated Press*, 13 juillet 2003.
12. Pankaj Mishra, « India: On the Downswing of Software Outsourcing », *Asia Computer Weekly*, 13 janvier 2003.
13. Khozem Merchant, « GE Champions India's World Class Services », *Financial Times*, 3 juin 2003.
14. Amy Waldman, « More "Can I Help You ?" Jobs Migrate from U.S. to India », *New York Times*, 11 mai 2003 ; Joanna Slater, « Calling India... Why Wall Street Is Dialing Overseas for Research », *Wall Street Journal*, 2 octobre 2003.
15. Pete Engardio, Aaron Bernstein et Manjeet Kriplani, « Is Your Job Next ? », *Business Week*, 3 février 2003 ; Merchant, « GE Champions » ; « Sun Chief to Woo India in Software War », Reuters, 4 mars 2003 ; Eric Auchard, « One in 10 Tech Jobs May Move Overseas, Report Says », Reuters, 30 juillet 2003 ; Steven Greenhouse, « I.B.M. Explores Shift of White-Collar Jobs Overseas », *New York Times*, 22 juillet 2003 ; Bruce Einhorn, « High Tech in China », *Business Week*, 28 octobre 2002.
16. Engardio et al., « Is Your Job Next ? », op. cit.
17. Auchard, « One in 10 Tech Jobs » ; « Outsourcing to Usurp More U.S. Jobs », CNET News.com, 31 août 2003 ; Paul Taylor,

« Outsourcing of IT Jobs Predicted to Continue », *Financial Times*, 17 mars 2004.

18. John C. McCarthy, avec Amy Dash, Heather Liddell, Christine Ferrusi Ross et Bruce D. Temkin, « 3.3 Million U.S. Services Jobs to Go Offshore », *Forrester Research Brief*, 11 novembre 2002 ; Mark Gongloff, « U.S. Jobs Jumping Ship », *CNN/Money*, 13 mars 2003.
19. George Monbiot, « The Flight to India », *The Guardian*, 21 octobre 2003 ; Moumita Bakshi, « Over 1 Million Jobs in Europe Moving Out », *The Hindu*, 3 septembre 2004.
20. « Not So Smart », *The Economist*, 30 janvier 2003.
21. Rudy Chelminski, « This Time It's Personal », *Wired*, octobre 2001.
22. Robert Rizzo, « Deep Junior and Kasparov Play to a Draw », *Chess Life*, juin 2003.
23. Steven Levy, « Man vs. Machine : Checkmate », *Newsweek*, 21 juillet 2003.
24. Un processus identique s'était produit l'année précédente, quand un autre champion d'échecs, Vladimir Kramnik, avait affronté un autre ordinateur, *Deep Fritz*, lors d'un tournoi dans le golfe Persique, surnommé par les organisateurs « Cerveaux à Bahreïn ». Kramnik prend l'avantage lors de la sixième manche, mais à un tournant critique, au lieu de jouer un mouvement classique, Kramnik tente un coup plus créatif et esthétique. Le fou. Cela lui coûte la manche. Match nul. « Au moins, j'aurai joué comme un homme », a déclaré Kramnik après sa défaite. Daniel King, « Kramnik and Fritz Play to a Standoff », *Chess Life*, février 2003.
25. Chelminski, « This Time It's Personal », art. cit.
26. Paul Hoffman, « Who's Best at Chess ? For Now, It's Neither Man Nor Machine », *New York Times*, 8 février 2003.
27. « The Best and the Brightest », *Esquire*, décembre 2002.
28. « Software That Writes Software », *Futurist Update*, mars 2003.
29. Laura Landro, « Going Online to Make Life-and-Death Decisions », *Wall Street Journal*, 10 octobre 2002.
30. Laura Landro, « Please Get the Doctor Online Now », *Wall Street Journal*, 22 mai 2003 ; « Patient, Heal Thyself », *Wired*, avril 2001.
31. Jennifer Lee, « Dot-Com, Esquire: Legal Guidance, Lawyer Optional », *New York Times*, 22 février 2001.

CHAPITRE III : HIGH CONCEPT, HIGH TOUCH

1. Comme je l'ai expliqué dans l'introduction, je crois que John Naisbitt a inventé le terme « high touch », bien qu'il l'utilisât pour décrire un phénomène différent.
2. Hilary Waldman, « Art & Arteries: Examining Paintings, Medical Students Learn to Be More Observant Doctors », *Hartford Courant*, 1er mars 2000 ; Mike Anton, « Adding a Dose of Fine Arts », *Los Angeles Times*, 24 mai 2003.
3. Yumiko Ono, « Rethinking How Japanese Should Think », *Wall Street Journal*, 25 mars 2002 ; Anthony Faiola, « Japan's Empire of Cool », *Washington Post*, 27 décembre 2003 ; Geoffrey A. Fowler, « AstroBoy Flies Again », *Wall Street Journal*, 15 janvier 2004.
4. Danny Hakim, « An Artist Invades Stodgy G.M.: Detroit Wonders if the "Ultimate Car Guy" Can Fit In », *New York Times*, 19 octobre 2001 ; Danny Hakim, « G.M. Executive Preaches: Sweat the Smallest Details », *New York Times*, 5 janvier 2004.
5. John Hawkins, *The Creative Economy: How People Make Money from Ideas*, Allen Lane/The Penguin Press, 2001, 86. Virginia Postrel, *The Substance of Style: How the Rise of Aesthetic Value Is Remaking Culture, Commerce and Consciousness*, HarperCollins, 2003, 17.
6. « 2002 National Cross-Industry Estimates of Employment and Mean Annual Wage for SOC Major Occupational Groups », *Occupational Employment Statistics Program*, Bureau of Labor Statistics, disponible sur www.bls.gov/oes/home.htm.
7. Richard Florida, *The Rise of Creative Class: And How It's Transforming Work, Leisure, Community, and Everyday Life*, Basic Books, 2002, 328. À son crédit, Florida a revigoré le débat sur l'aménagement urbain en Amérique. Cependant, sa séduisante vision du développement économique à travers les brasseries et les lofts a été rondement critiquée. Certains commentateurs l'accusent d'exclure de larges segments de population, plus particulièrement les minorités raciales et les couples avec enfants. D'autres affirment que ses données n'appuient pas ses arguments. À mon avis, il a accompli un service public précieux en lançant simplement le débat sur ce sujet.
8. Hawkins, *The Creative Economy...*, op. cit., 116 ; Justin Parkinson, « The Dawn of Creativity ? », BBC News Online, 24 juin 2003.
9. Daniel Goleman, [*Emotional Intelligence*] *L'Intelligence émotionnelle : comment transformer ses émotions en intelligence*, trad. Thierry Piélat, R. Laffont, 1997.

10. Remarques de Daniel Goleman, *Human Resource Planning Society Annual Meeting*, Miami Beach, Floride, 27 mars 2002.
11. Adam D. Duthie, « Future SAT May Test Creativity », *Badger Herald* via *University Wire*, 3 mars 2003 ; Rebecca Winters, « Testing That Je ne Sais Quoi », *Time*, 27 octobre 2003 ; Robert J. Sternberg, « The Other Three R's: Part Two, Reasoning », *American Psychological Association Monitor*, avril 2003.
12. Arlene Weintraub, « Nursing: On the Critical List », *Business Week*, 3 juin 2002.
13. Cité par Joel Stein, « Just Say Om », *Time*, 4 août 2003 ; Richard Corliss, « The Power of Yoga », *Time*, 21 avril 2001 ; Mark Nollinger, « TV Goes with God », *TV Guide*, 24 janvier 2004.
14. Sandra Timmerman, « The Elusive Baby Boomer Market: In Search of the Magic Formula », *Journal of Financial Service Professionals*, septembre 2003.
15. Paul H. Ray et Sherry Ruth Anderson, *The Cultural Creatives: How 50 Million People Are Changing the World*, Three Rivers Press, 2000. [N.d.T. : *Émergence des créatifs culturels, un changement de société : enquête sur une population croissante tournée vers l'écologie, les valeurs féminines, le social et le développement psychospirituel*, Barret-le-Haut, Yves Michel, 2001.]

CHAPITRE IV : DESIGN

1. John Heskett, *Toothpicks and Logos: Design in Everyday Life*, Oxford University Press, 2002, 1.
2. Virginia Postrel, *The Substance of Style...*, op. cit., 2003, 16.
3. « Pricing Beauty: Reflections on Aesthetics and Value, An Interview with Virginia Postrel », Gain 2.0, AIGA Business and Design Conference, American Institute of Graphic Arts, septembre 2002.
4. Heskett, op. cit., 89.
5. « U.S. Bans Time-Honoured Typeface », Agence France-Presse, 30 janvier 2004.
6. Cité par Jason Tanz, « From Drab to Fab », *Fortune*, 8 décembre 2003.
7. Cité dans *Re-imagine ! Business Excellence in a Disruptive Age*, Dorling Kindersley Limited, 2003, 134.
8. John Hawkins, *The Creative Economy...*, op. cit., 95.
9. « Design in Britain 2003-04 », *Design Council UK*, 9. Disponible sur www.designcouncil.org.uk.

10. Cité par Jean-Leon Bouchenaire, « Steering the Brand in the Auto Industry », *Design Management Journal*, hiver 2003.
11. Chris Bangle, « The Ultimate Creativity Machine: How BMW Turns Art into Profit », *Harvard Business Review*, janvier 2001.
12. Kevin Naughton, « Detroit's Hot Buttons », *Newsweek*, 12 janvier 2004.
13. *Ibid.*
14. Charles C. Mann, « Why 14-Year-Old Japanese Girls Rule the World », Yahoo ! Internet Life, avril 2001. Cette expression vient de Iisuka. Les citations entre parenthèses sont tirées de l'excellent article de Mann.
15. Carolina A. Miranda, « Wow ! Love Your Ring ! », *Time*, 21 janvier 2004.
16. Marilyn Elias, « Sunlight Reduces Need for Pain Medication », *USA Today*, 2 mars 2004.
17. « The Value of Good Design », rapport de la Commission for Architecture and the Built Environnment (2002), disponible sur www.cabe.org.uk.
18. Chee Pearlman, « How Green Is My Architecture », *Newsweek*, 27 octobre 2003 ; John Ritter, « Buildings Designed in a Cool Shade of "Green" », *USA Today*, 31 mars 2004.
19. Peter Orszag et Jonathan Orszag, « Statistical Analysis of Palm Beach Vote », 8 novembre 2000, disponible sur www.sbgo.com.
20. Dennis Cauchon et Jim Drinkard, « Florida Voter Errors Cost Gore the Election », *USA Today*, 11 mai 2003.

CHAPITRE V : HISTOIRE

1. Mark Turner, *The Literary Mind: The Origins of Thought and Language*, Oxford University Press, 1996, 4-5.
2. Don Norman, *Things That Makes Us Smart: Defending Human Attributes in the Age of the Machine*, Perseus, 1994, 146.
3. « Storytelling That Moves People : A Conversation with Screenwriting Coach Robert McKee », *Harvard Business Review*, juin 2003.
4. Voir le site web de Steve Denning, www.stevedenning.com/index.htm; D. McCloskey et A. Klamer, 1995. *One quarter of GDP is persuasion, American Economic Review* 85, 191-195.
5. Stephen Denning, *The Springboard: How Storytelling Ignites Action in Knowledge-Era Organizations*, Butterworth Heiman, 2001, xvii.
6. « Interview with Richard Olivier », *Fast Company*, octobre 2000.

7. Jamie Talan, « Storytelling for Doctors: Medical Schools Try Teaching Compassion by Having Students Write About Patients », *Newsday*, 27 mai 2003.
8. Rita Charon, « Narrative Medicine: A Model for Empathy, Reflection, Profession, and Trust », *Journal of the American Medical Association*, 17 octobre 2001.
9. *Ibid.*
10. Mike Anton, « Adding a Dose of Fine Arts », *Los Angeles Times*, 24 mai 2003.
11. Christine Haughney, « Creative Writing: Old Balm in a New Forum », *Washington Post*, 3 août 2003 ; Michael Bond, « The Word Doctor », *New Scientist*, 14 janvier 2003.
12. Katherine S. Mangan, « Behind Every Symptom, a Story », *Chronicle of Higher Education*, 13 février 2004.

CHAPITRE VI : SYMPHONIE

1. Merci à Bill Taylor et à Ron Lieber de m'avoir parlé de ces exemples.
2. Csíkszentmihályi, [*Flow: The Psychology of Optimal Experience*], trad. Léandre Bouffard, Paris, Robert Laffont, 2004.
[*Creativity: Flow and the Psychology of Discovery and Invention*], trad. Claude-Christine Farny, Paris, Robert Laffont, 2006.
3. « Interview with Clement Mok », *Fast Company*, janvier 2003.
4. Nicholas Negroponte, « Creating a Culture of Ideas », *Technology Review*, février 2003.
5. M. Jung-Beemna, E. M. Bowden, J. Haberman, et al., « Neural Activity When People Solve Verbal Problems with Insight », *PLoS Biology*, avril 2004.
6. George Lakoff et Mark Turner, *More Than Cool Reason: A Field Guide to Poetic Metaphor*, University of Chicago Press, 1989, 214-15; George Lakoff and Mark Johnson, *Les Métaphores dans la vie quotidienne* [*Metaphors We Live By*], trad. Michel Defornel, Paris, Minuit, 1985.
7. Cité par Keith J. Holyoak, *Mental Leaps: Analogy in Creative Thought*, MIT Press, 1996, 6.
8. Twyla Tharp, *The Creative Habit: Learn It and Use It for Life*, Simon and Schuster, 2003, 157.
9. Voir Gerald Zaltman, *Dans la tête du client : ce que les neurosciences disent au marketing* [*How Customers Think*], trad. Michel Edéry, Paris, Organisation, 2004 ; Daniel H. Pink, « Metaphor Marketing », *Fast Company*, avril 1998.

10. Lakoff et Johnson, op. cit.
11. Charlotte Gill, « Dyslexics Bank of Disability », *Courier Mail*, Queensland, Australie, 7 octobre 2003.
12. Sally Shaywitz, *Overcoming Dyslexia*, Knopf, 2003, 366.
13. Michael Gerber, « The Entrepreneur as a Systems Thinker: A Revolution in the Making », *Entreworld*, 17 août 2003. Voir aussi les travaux de Peter Senge qui ont aidé l'introduction de l'expression « pensée systémique » dans le vocabulaire des affaires.
14. Daniel Goleman, *L'Intelligence émotionnelle. 2, Cultiver ses émotions pour s'épanouir dans son travail* [*Working with Emotional Intelligence*], trad. Daniel Roche, Paris, Robert Laffont, 1999.
15. Sidney Harman, *Mind Your Own Business: A Maverick's Guide to Business, Leadership and Life*, Currency Doubleday, 2003, 10.
16. Extrait du cahier des charges de l'American Holistic Medical Association, disponible sur www.holisticmedicine.org.

CHAPITRE VII : EMPATHIE

1. Steven M. Platek et al., « Contagious Yawning: The Role of Self-Awareness and Mental State Attribution », *Cognitive Brain Research*, vol. 17, 2003, 223-27.
2. Daniel Goleman, *L'Intelligence émotionnelle 1*, Paris, Robert Laffont, 1999.
3. Richard Restak, M.D., *Mozart's Brain and the Fighter Pilot: Unleashing Your Brain's Potential*, Harmony Books, 2001.
4. Rowan Hooper, « Reading the Mind Through the Face », *Japan Times*, 22 mai 2003.
5. Akiko Busch, ed., *Design Is...*, Metropolis Books, 2001, 105.
6. Paul Ekman, *Emotions Revealed: Recognizing Faces and Feelings to Improve Communication and Emotional Life*, Times Books, 2003, 220.
7. *Ibid.*, 205-206.
8. *Ibid.*, 220.
9. Jodi Halpern, *From Detached Concern to Empathy: Humanizing Medical Practice*, Oxford University Press, 2001.
10. Susan Okie, « An Act of Empathy », *Washington Post*, 21 octobre 2003. Rachel Zimmerman, « Doctors » New Tool to Fight Lawsuits: Saying « I'm Sorry », *Wall Street Journal*, 18 mai 2004.
11. M. Hojat et al., « Empathy in Medical Students as Related to Academic Performance, Clinical Competence and Gender », *Medical Education*, juin 2002.

12. S. K. Fields et al., « Comparisons of Nurses and Physicians on an Operational Measure of Empathy », *Evaluation and the Health Professions*, mars 2004.
13. Sandra Yin, « Wanted: One Million Nurses », *American Demographics*, septembre 2002 ; Julie Appleby, « Professionals Sick of Old Routine Find Healthy Rewards in Nursing », *USA Today*, 16 août 2004.
14. « Public Rates Nursing as Most Honest and Ethical Profession », communiqué de presse Gallup, 1er décembre 2003.
15. Fran Foo, « Survey: Outsourcing May Hit IT Careers », *CNET News*, 9 juillet 2003.
16. David G. Myers, *Intuition: Its Powers and Perils*, Yale University Press, 2002, 46.
17. Simon Baron-Cohen, *The Essential Difference: The Truth About the Male and Female Brain*, Basic Books, 2003, 31.
18. Myers, op. cit., 46.
19. Baron-Cohen, op. cit., 1.
20. *Ibid.*, 8.
21. *Ibid.*, 5.
22. *Ibid.*, 176.

CHAPITRE VIII : JEU

1. David L. Collinson, « Managing Humour », *Journal of Management Studies*, mai 2002.
2. Pour en savoir plus sur l'expression « éthique ludique », voir Pat Kane, *The Play Ethic: A Manifesto for a Different Way of Living*, Macmillan, 2004.
3. Diya Gullapalli, « To Do: Schedule Meeting, Play with Legos », *Wall Street Journal*, 16 août 2002.
4. Collinson, « Managing Humour », art. cit.
5. Pour d'excellents récits plus détaillés sur la genèse de ce jeu, voir « Tap into What's Hot », *Business 2.0*, avril 2003, et Brian Kennedy, « Uncle Sam Wants You (To Play This Game) », *New York Times*, 11 juillet 2002.
6. T. Trent Gegax, « Full Metal Joystick », *Newsweek*, 14 octobre 2002.
7. *Essential Facts About Computer and Video Game Industry: 2003 Sales, Demographics and Usage Data (2003)*, publié par l'Interactive Digital Software Association, disponible sur www.theesa.com.
8. Ellen Edwards, « Plug (the Product) and Play », *Washington Post*, 26 janvier 2003 ; David Brooks, « Oversimulated Suburbia », *New*

York Times Magazine, 24 novembre 2002 ; Peter Lewis, « The Biggest Game in Town », *Fortune*, 15 septembre 2003.

9. David Kushner, « The Wrinkled Future of Online Gaming », *Wired*, juin 2004 ; Zev Borow, « The Godfather », *Wired*, janvier 2003.
10. James Sullivan, « Digital Art Finds More Than Joy in Joysticks », *San Francisco Chronicle*, 22 janvier 2004.
11. Don Marinelli and Randy Pausch, « Edutainment for the College Classroom », *Chronicle of Higher Education*, 19 mars 2004.
12. James Paul Gee, *What Video Games Have to Teach Us About Learning and Literacy*, Palgrave Macmillan, 2003, 205.
13. Scott Carlson, « Can Grand Theft Auto Inspire Professors ? », *Chronicle of Higher Education*, 15 août 2003.
14. Gee, *What...*, op. cit., 91.
15. Shawn Greene et Daphne Bavelier, « Action Video Game Modifies Visual Selective Attention », *Nature*, mai 2003.
16. « Study: Gamers Make Good Surgeons », cbsnews.com, 7 avril 2004.
17. « Games at Work May Be Good For You », *BBC News*, 10 novembre 2003.
18. « Study Finds Video Games Good for Treating Phobias », Reuters, 17 octobre 2003 ; Fred Guterl, « Bionic Youth: Too Much Information ? », *Newsweek International*, 1er septembre 2003.
19. Kenneth Aaron, « Where Play Is Serious Business », Albany, NY, *Times Union*, 10 décembre 2002.
20. Tom Loftus, « Gaming Tries to Shed Boys' Club Image », msnbc.com, 17 juin 2004.
21. Alex Pham, « Action Morphs into Art », *Los Angeles Times*, 26 mars 2004.
22. P. Shammi et D. T. Stuss, « Humour Appreciation: A Role of the Right Frontal Lobe », *Brain*, 1999, vol. 122, 663.
23. Fabio Sala, « Laughing All the Way to the Bank », *Harvard Business Review*, septembre 2003.
24. Sala, « Laughing All the Way to the Bank », op. cit.
25. Collinson, « Managing Humour », art. cit.
26. *Ibid.*
27. *Ibid.*
28. Thomas A. Stewart, « Laughter, the Best Consultant », *Harvard Business Review*, février 2004.
29. Cette manchette doit son nom à la rubrique populaire du *Reader's Digest*. Ce morceau se trouvait dans la tradition de Norman Cousins, un Américain qui a triomphé d'une maladie dégénérescente mortelle grâce à un régime autoprescrit à base de

vitamine C, de films des Marx Brothers et de vieux épisodes de *Candid Camera*, une expérience qu'il a retranscrite en 1976 dans un article du *New England Journal of Medicine* et en 1979 dans un livre, *Anatomy of an Illness*. [*N.d.T.* : Norman Cousins, *Comment je me suis soigné par le rire*, trad. Rosette Coryell, Payot & Rivages, 2003.]

30. L. Berk, S. Tan, W. Fry et al., « Neuroendocrine and Stress Hormone Changes During Mirthful Laughter », *American Journal of the Medical Sciences*, vol. 298, n° 6 (1989), 390-396 ; L. Berk et S. Tan, « A Positive Emotion; The Eustress Metaphor. Mirthful Laughter Modulates Immune System Immunocytes », *Annals of Behavioral Medicine*, vol. 19, n° D009 (1997 Supplement).
31. Robert R. Provine, *Le Rire* [*Laughter: A Scientific Investigation*], trad. Jean-Luc Fidel, Paris, Robert Laffont, 2003.
32. *Ibid.*
33. 9 – SENS

CHAPITRE IX : SENS

1. En 1991, quand la bibliothèque du Congrès et le Book-of-the-Month Club ont demandé à leurs lecteurs quels livres avaient eu une influence sur leur vie, celui de Frankl est arrivé en neuvième position (la liste de dix ouvrages incluait la Bible et le Livre des Mormons). Voir Esther B. Fein, « Book Notes », *New York Times*, 20 novembre 1991.
2. [*Man's Search for Meaning*], trad. Clifford J. Bacon, Montréal, L'Homme, 1988.
3. Robert William Fogel, *The Fourth Great Awakening and the Future of Egalitarianism*, University of Chicago Press, 2000, 1.
4. Frankl, op. cit.
5. « In America, the Meaning of Life Is on Most People's Minds », *Spirituality & Health*, mars/avril 2004.
6. Ronald Inglehart, *Modernization and Postmodernization: Culture, Economic and Political Change in 43 Societies*, Princeton University Press, 1997, 4.
7. Gregg Easterbrook, *The Progress Paradox: How Life Gets Better While People Feel Worse*, Random House, 2003, 317.
8. Anne McIlroy, « Hard-Wired for God », *Globe and Mail*, 6 décembre 2003. Il doit être cependant noté que la plupart des moines en méditation ont montré un mouvement de la fonction cérébrale gauche. Leur processus de pensée était tourné vers la pensée D mais dominé par l'hémisphère gauche au sens neurologique.

9. Voir www.edge.org/.
10. Voir Harold G. Kœnig et al., *Handbook of Religion and Health,* Oxford University Press, 2000 ; Jeff Levin, PhD, *God, Faith, and Health: Exploring the Spirituality-Healing Connection,* John Wiley and Sons, 2001 ; Harold G. Kœnig, *Spirituality in Patient Care: Why, How, When, and What,* Templeton Foundation Press, 2001 ; Claudia Kalb, « Faith & Healing », *Newsweek,* 10 novembre 2003 ; Richard Morin, « Calling Dr. God », *Washington Post,* 8 juillet 2001 ; Bridget Coila, « Finding Meaning in Life Means Greater Immunity », *Spirituality & Health,* janvier/février 2004.
11. Kalb, « Faith & Healing », op. cit.
12. Mary Jacobs, « Treating the Body and the Spirit », *Washington Post,* 6 septembre 2003.
13. Rich Karlgaard, « The Age of Meaning », *Forbes,* 26 avril 2004.
14. Martin E. P. Seligman, *Authentic Happiness,* Free Press, 2003, 166.
15. Laurie Goodstein, « Reviving Labyrinths, Parhs to Inner Peace », *New York Times,* 10 mai 1998.
16. Pour un excellent récit sur la popularité et le design des labyrinthes modernes, voir Juanita Dugdale, « Paths of the Least Resistance », *I.D.,* mars/avril 2004.
17. « The Labyrinth: A Medieval Tool for the Postmodern Age: An Interview with Dr. Lauren Artress », disponible sur www.gracecathedral.org/enrichment/interviews/int_19961206.shtml.

TABLE

DEUXIÈME PARTIE

Les six sens

Achevé d'imprimer en France par EPAC Technologies

N° d'édition: 4550414324018

Dépôt légal: novembre 2007